DAS

URGESCHMACK DESSERTBUCH

Natürlich gesund genießen

Felix Olschewski

www.urgeschmack.de

www.urgeschmack.de

Das Urgeschmack-Dessertbuch:
Natürlich gesund genießen

1. Auflage, September 2012

Herstellung und Verlag: Books on Demand GmbH, Norderstedt

ISBN 978-3-8482-0621-6

Bibliografische Information der Deutschen Nationalbibliothek
Die Deutsche Nationalbibliothek verzeichnet diese Publikation in der Deutschen Nationalbibliografie; detaillierte bibliografische Daten sind im Internet über dnb.d-nb.de abrufbar.

Inhalt

Danksagungen

Eine Reihe von Menschen hat an der Entstehung dieses Buches mitgewirkt. Indirekt trägt jede Lebenserfahrung zu so einem Werk bei, doch einzig die direkten Einflüsse sind ausreichend konkret, um auf einer Seite wie dieser Platz zu finden.

Andrea Christen ist eine sehr strenge Kritikerin und kennt sich bestens mit Desserts aus. Dutzende Naschereien hat sie geduldig über sich ergehen lassen und kompetent beurteilt. In den unwahrscheinlichsten Momenten hat sie für Inspiration gesorgt und mich stets zum Weitermachen motiviert. Danke für alles, Andrea.

Constantin Gonzalez war so nett, mir frühzeitig wertvolles Feedback auf dieses Buch zu geben und mir zu helfen, es noch besser zu machen. Seine fundierten Beiträge auf paleosophie.de sind stets eine Bereicherung für das Internet. Vielen Dank, Constantin.

Peter Thielmann hat auch bei diesem Buchprojekt wieder Einfluss auf die Typografie und den Satz gehabt. Über die Jahre durfte ich viel von ihm lernen und er vermag es immer wieder, meinen Blick für typografische Details zu schärfen. Peter, ich danke dir.

Meine Eltern und meine Brüder haben in meiner Kindheit wohl genau die Art Umgebung gebildet, in der eine so große Liebe für Desserts überhaupt erst entstehen konnte: Margret, Hartmut, Jobst und Moritz: Danke.

Die Leser von urgeschmack.de motivieren mich täglich, diese Arbeit weiterzuführen. Ihre Kommentare, Vorschläge und Anmerkungen fließen stets in meine Arbeit ein und haben so auch zum Inhalt dieses Buches beigetragen. Danke.

Die Gemeinde der Blogger und Autoren im Bereich der natürlichen Ernährung und speziell der sogenannten „Paläo-Blogger" im deutschsprachigen Raum, all die tapferen und ausdauernden Köche und Proponenten natürlicher Lebensmittel sind ein toller Haufen. Das Potential für Inspirationen ist hier gewaltig und der Zusammenhalt macht Spaß. Danke euch allen.

Den Lesern dieses Buches danke ich für ihr Interesse und die Wertschätzung meiner Arbeit. Für Sie habe ich dieses Buch geschrieben. Ich wünsche Ihnen viel Freude mit den darin enthaltenen Rezepten und Informationen. Danke für Ihre Unterstützung.

Als Käufer dieses Buches können Sie unter folgendem Link kostenlos zusätzliche Rezepte und weitere Inhalte herunterladen, die in Zukunft auch erweitert werden. So profitieren Sie vom Mehrwert und immer neuen Desserts: **urgck.de/dessertbonus**.

Einleitung

Ein Dessert geht immer

Warum dieses Buch?

Der Fokus dieses Buches sind köstliche Desserts bei Verwendung natürlicher, leicht erhältlicher Zutaten mit geringem Kohlenhydratanteil.

Mit „Das Urgeschmack-Kochbuch: Jeden Tag gesund und lecker“ habe ich die Grundlagen einer gesunden, geschmackvollen und nachhaltigen Ernährung auf Basis natürlicher Lebensmittel beschrieben. Es enthält Rezepte für jede Jahreszeit und die verschiedensten Zutaten kommen zur Anwendung. Doch was passiert danach? In der klassischen Menüfolge wird nach der Hauptmahlzeit das Dessert serviert.

Allerdings gibt es für dieses Buch mehr Gründe als diese logische Abfolge. Unter Desserts verstehen die meisten Menschen Süßes. Mal kleinere, mal größere Naschereien. Begriffe wie *sündigen* verdeutlichen die eher ungesunden Assoziationen, die vielen dabei durch den Kopf gehen. Viel schlimmer als der Nährstoffgehalt ist dabei allerdings die psychologische Auswirkung, das schlechte Gewissen, das oft auf den Konsum folgt. Genau dieses möchte ich mit diesem Buch aus dem Weg räumen. Denn Süßes muss nicht ungesund sein. So soll dieses Buch allen Naschkatzen als Leitfaden dienen, die sich schon immer gewünscht haben, einen Spagat zwischen Süße auf der einen und Gesundheit auf der anderen Seite vollziehen zu können.

Mit diesem Buch erhalten Sie

- **Rezepte aus naturnahen, günstigen und leicht erhältlichen Zutaten, mit geringem Kohlenhydratanteil und ohne künstliche Süßstoffe.**
- **Grundlagenwissen über die zu meidenden Zutaten, die verbreiteten und weniger verbreiteten Alternativen und deren Funktionsweise.**
- **Weiterführende Informationen über die medizinischen Gründe für den Verzicht auf einige herkömmliche Zutaten.**

"Gib einem Hungernden einen Fisch, und er hat einen Tag zu essen. Gib ihm eine Angel und lehre ihn das Fischen, und er ist für sein Leben versorgt."

Mit „Das Urgeschmack-Dessertbuch: Natürlich gesund genießen" möchte ich Ihnen mehr an die Hand geben als nur eine Sammlung vielseitiger Rezepte. Denn beim Verzicht auf konventionelle Zutaten wie Getreidemehl wird das eigenständige Entwerfen von Dessertrezepten eine große Herausforderung. Und mit dem Wegfall jedes chemischen Hilfsmittels steigt der Schwierigkeitsgrad. Alternative Zutaten führen oft zu trockenen Plätzchen, verbrannten Kuchen und pappigen Makronen.

Durch die jeweilige Erklärung alternativer Zutaten in Kapitel 1 sowie die weiteren Tipps in den Rezepten möchte ich meine durch viele Experimente gewonnenen Erfahrungen weitergeben. Ich wünsche mir, dass Sie von den Dingen profitieren, die ich selbst in der Küche bei der Arbeit mit alternativen Dessertzutaten gelernt habe. Ein Fortschritt kann nur dann stattfinden, wenn aus Fehlern auch gelernt wird. Beachten Sie die Hinweise in den Rezepten und nutzen Sie die Anleitungen als Grundlage für eigene Kreationen. Die Küche ist ein Ort für Kunsthandwerker, die über Generationen voneinander lernen und so ihre Fähigkeiten immer weiter verfeinern und weiterentwickeln.

Daher enthält dieses Buch auch einige Basisrezepte, die sich als Ausgangspunkt für eigene Kreationen mit den sehr verschiedenen Zutaten anbieten.

Was ist Urgeschmack?

Bei Urgeschmack geht es um das Leben von und mit Nahrungsmitteln, die dauerhaft ein gesundes und erfülltes Leben ermöglichen sollen. Voraussetzung dafür ist, dass das Essen schmeckt und dem Körper nicht schadet, ihm darüber hinaus als gute Nahrungsquelle dient. Eng damit verknüpft ist die Bedingung der Nachhaltigkeit. Denn wenn wir heute nicht anfangen, Nahrungsmittel nachhaltig, das heißt ökologisch verträglich und schonend zu erzeugen, dann werden wir der Natur, besonders den Böden, so viel Schaden zufügen, dass wir in der Zukunft gar keine Lebensmittel mehr erzeugen können. Und dann wäre es vorbei mit der Ernährung, der Gesundheit und dem guten Geschmack.

Mehr darüber erfahren Sie regelmäßig kostenlos in Artikeln, Rezepten und Videos im Internet unter **www.urgeschmack.de**

Artgerechte Ernährung für den Menschen

Der Mensch ist ein Omnivore und ein Opportunist. Er ist bestens darauf vorbereitet, eine Vielzahl verschiedenster Lebensmittel als Nahrung zu verwerten. Dazu hat die Evolution über Millionen von Jahren ihren Beitrag geleistet. Dennoch gibt es Dinge, die dem Menschen nicht bekommen, deren Verzehr ihm gar Schaden zufügen. Manches schnell, manches langsam. In den vergangenen 10.000 Jahren hat der Mensch einen rasante Fortschritt erlebt und spätestens seit der Industrialisierung stellt sich häufiger die Frage, ob er sich damit nicht hin und wieder überfordert hat.

Im Bereich der Ernährung lassen sich Anzeichen dafür eindeutig erkennen. Ein großer Teil der Welt lebt in dem, was gemeinhin Überflussgesellschaft genannt wird. Bestandteil dessen ist ein Überfluss an Nahrung, der von vielen Menschen tatsächlich auch verzehrt wird. Doch es ist nicht nur die Quantität, sondern auch die Qualität der Lebensmittel, die ein Problem darstellt.

Denn der Körper und dessen Hormonsystem sind grundsätzlich so konfiguriert, dass sie genau solche Signale senden, die das Gehirn zu einer vernünftigen Entscheidung motivieren. Im Klartext: Wenn der Körper satt ist, teilt er dem Gehirn dies auch mit. Normalerweise.

Doch durch eine ungünstige Ernährung werden immer häufiger genau solche Mechanismen außer Kraft gesetzt, der Stoffwechsel gestört und eine Fehlernährung eingeleitet. Wie sich zeigt, sind es besonders die stark verarbeiteten, industriell hergestellten Nahrungsmittelprodukte, die solche Störungen im menschlichen Organismus hervorrufen.

Dies ist durchaus plausibel, denn per Evolution ist der Mensch den Verzehr natürlicher Lebensmittel gewohnt. Gemüse, Obst, Nüsse, Samen, Fleisch bekam er direkt aus der Natur und bereitete sie genau so zu, wie es für seinen Verzehr, später gewiss auch seinen Genuss notwendig war. Die Industrie jedoch nimmt tiefgreifende chemische und biologische Veränderungen vor, konzentriert, extrahiert und kombiniert was die Natur sich nie hätte erträumen lassen. Und so landen in den Supermarktregalen und später in den Küchen Produkte, die den menschlichen Verdauungstrakt vor ungeahnte Herausforderungen stellen.

Diabetes, Morbus Crohn, Allergien, Entzündungen, Gelenkschmerzen, Krebs: Sie alle werden auch Zivilisationskrankheiten genannt, denn sie treten vornehmlich in den industrialisierten Staaten auf und die meisten dieser Erkrankungen konnten mittlerweile direkt auf eine fehlerhafte Ernährung zurückgeführt werden.

Zurück in die Steinzeit?

Unter den Begriffen *Paläo-Diät*, *Paleo-Diät* oder schlicht *Steinzeiternährung* kursiert seit längerer Zeit ein Ernährungskonzept, das den oben genannten Missständen entgegentritt. Es stützt sich auf Evolutionsforschung auf der einen und eingehende medizinische Studien auf der anderen Seite. Ausgehend von der Annahme, dass der Mensch am besten auf die Lebensmittel angepasst ist, die ihm für den Großteil seiner Entwicklung zur Verfügung standen, werden in diesem Konzept einige neuzeitliche Lebensmittel vom Speiseplan verbannt.

Mit Erfolg: Wer auf Zucker, Getreide, Hülsenfrüchte, große Mengen Pflanzenfette und teils auch Milchprodukte verzichtet, erfreut sich in der Regel größerer Gesundheit. Ernste Krankheiten wie Diabetes, Rheuma, Morbus Crohn oder Multiple Sklerose können geheilt, Verdauungsprobleme beendet und viele andere Zipperlein vergessen werden. Dabei handelt es sich um weit mehr als Einzelfälle wie *Zöliakie* (Glutenunverträglichkeit) oder Laktoseunverträglichkeit. Auch wenn die Reaktionen jedes Menschen unterschiedlich ausgeprägt sind, so funktioniert der Körper doch grundsätzlich gleich. Bei einer Ernährung ohne Zucker, ohne Getreide und ohne industriell gewonnene Pflanzenfette hat also kein Mensch etwas zu verlieren, aber jeder viel zu gewinnen.

Als eine *strenge Paläo-Ernährung* wird häufig der völlige Verzicht auf Zucker, Getreide, Pflanzenfette und Milchprodukte bezeichnet. Allerdings bestehen auch und gerade zwischen den renommiertesten Forschern in diesem Gebiet durchaus Meinungsverschiedenheiten darüber, wie schwer sich nun welches Lebensmittel auf den Körper auswirkt.

Die Erläuterungen dazu finden Sie bereits in „Das Urgeschmack-Kochbuch: Jeden Tag gesund und lecker" sowie regelmäßig im Internet unter **www.urgeschmack.de**. Auch im Anhang dieses Buches finden Sie einige weiterführende Artikel zu diesem Thema. Daher fasse ich im Folgenden die Thesen nur kurz zusammen.

Zucker

Zucker ist ein Kohlenhydrat, das vom Menschen sehr schnell verdaut wird und zu starken Schwankungen des Blutzucker- und Insulinspiegels führt. Aus diesem Grund sollte auf Zucker in jeder Form (auch in Getränken und Süßigkeiten) so weit wie möglich verzichtet werden. Mehr dazu ab Seite 115.

Getreide
Getreide ist, wie Zucker, sehr reich an schnell verfügbaren Kohlenhydraten. Darüber hinaus enthalten die meisten Sorten jedoch auch sogenannte Anti-Nährstoffe: Gluten, Lektine und Phytinsäure. Diese sind für den Menschen sehr schlecht verträglich. Mehr darüber ab Seite 106. Getreide sollte daher möglichst vollständig gemieden werden. In beschränktem Maße gilt dies auch für Hülsenfrüchte.

Pflanzenfette
Die Gewinnung von Fetten und Ölen aus Pflanzen wie Sonnenblumen, Disteln oder Raps geschieht mit Hilfe intensiver Verarbeitung und chemischer Prozesse. Das Resultat sind Produkte, die für den Menschen nicht gesund sind. Ein hoher Omega-6-Fettsäuren-Gehalt und enthaltene Transfettsäuren sind Gründe dafür, auf diese Öle zu verzichten. Gesättigte Fette wie zum Beispiel Butter oder Schmalz sind hingegen sehr empfehlenswert, da gesundheitlich vorteilhaft. Mehr dazu ab Seite 132.

Milchprodukte
Milch von anderen Säugetieren gehört zu den umstrittensten Nahrungsmitteln des Menschen. Es gibt viele gute Argument für, jedoch ebenso viele gegen ihren Konsum. Details dazu finden Sie ab Seite 125.

Wie weit diese Empfehlungen nun befolgt werden, sollte im Ermessen jedes einzelnen liegen. Es macht Sinn, sich selbst eingehend mit der Thematik zu befassen und dann eine Entscheidung zu treffen, die auch die eigenen Ziele und Ansprüche mit einbezieht. Das ist die Vorgehensweise, zu der ich mit Urgeschmack ermuntern möchte.

Weitere Ausprägungen der Steinzeiternährung fordern eine vollständige Imitation der Steinzeit, was teilweise bis hin zum Verzehr ausschließlich roher Lebensmittel geht. Sicher eine stark romantisierte Vorstellung, deren gesundheitlicher Nutzen sich nur selten wissenschaftlich belegen lässt.

Pragmatik

Die Urgeschmack-Rezepte und damit sämtliche Rezepte in diesem Buch richten sich nach den Grundzügen des oben genannten Ernährungskonzeptes.

Allerdings steht bei Urgeschmack die Pragmatik im Vordergrund. So machen sich die Rezepte durchaus die nachweislichen und vorteilhaften Effekte dieser Ernährungsform zunutze. Die Rezepte kommen vollständig ohne Getreide aus und bis auf die unbedenklichen Quellen Oliven und Kokosnüsse finden keine Pflanzenfette Verwendung.

Statt Tafelzucker kommen nur natürliche Süßungsmittel in geringen Mengen zum Einsatz. Und nur sehr wenige Rezepte erfordern Milchprodukte, meist eignet sich Kokosmilch als Ersatz. Die Zutaten sind also unbedenklich.

Dennoch gab es in der Steinzeit keine Elektroöfen zum kontrollierten Backen von Kuchen. Auch war es sicher schwierig, genügend Nüsse für eine Handvoll Mehl zu sammeln und Honig war nicht in den heute üblichen Mengen verfügbar. Man kann diese Gedanken immer weiter spinnen und wird erst dann zu einem Schluss kommen, wenn man sie zu zwei Punkten in Relation setzt: Der medizinischen Auswirkung auf der einen Seite und der konventionellen Alternative auf der anderen.

Mit anderen Worten: Ein Kuchen wie in diesem Buch beschrieben aus Nussmehl, Kokosfett und Honig wäre in der Steinzeit gewiss undenkbar gewesen, ist aber dennoch um ein Vielfaches gesünder und nahrhafter als die meisten herkömmlichen Fertigprodukte und Backmischungen. Sollte es dennoch kleinere Haken geben (und bei welchem Lebensmittel gibt es diese Kehrseite bei übertriebenem Konsum nicht?), so fallen diese bei einem gemäßigten Verzehr praktisch nicht ins Gewicht.

Kompromisse

Urgeschmack steht für Geschmack, Gesundheit und Nachhaltigkeit. Diese drei Aspekte stehen nicht im Widerspruch zueinander, sind jedoch in einigen Fällen nicht vollständig vereinbar. Mit diesem Buch mag sich der Fokus hin und wieder ein wenig in Richtung des Geschmacks verschieben. Das bedingt auch die Thematik: Desserts sollen vornehmlich als i-Tüpfelchen dem Gaumen schmeicheln.

Das Leben besteht aus Kompromissen. Wer nach rechts will, kann nicht zugleich nach links gehen und so muss letztlich jeder einzelne seinen eigenen Weg finden, indem er Prioritäten setzt. Ist es unter dem Gesichtspunkt der Nachhaltigkeit vertretbar, in unseren Breitengraden Kokosprodukte zu verwenden, obwohl diese über weite Strecken importiert werden müssen? Und was ist mit der Gesundheit? Wäre es nicht besser, auf jedes zusätzliche Gramm Zucker (Honig, Agavensirup) zu verzichten?

Jeder muss Fragen wie diese selbst beantworten. Meine eigene Antwort lautet: Wenn sich mein Konsum von Importwaren auf den gelegentlichen Konsum solcher Produkte beschränkt, für die es regional keine Alternative gibt, dann ist schon viel gewonnen. Der Import von Äpfeln aus Neuseeland wäre für mich hingegen inakzeptabel, denn es gedeihen hierzulande mehr als genug heimische Sorten.

Was die Verwendung von Süßungsmitteln angeht so sind die in diesem Buch empfohlenen Mengen minimal. So gering gar, dass es dem einen oder anderen eventuell nicht süß genug ist. Dies ist ein Kompromiss zugunsten der Gesundheit, der jedoch nur in geringem Maße auf Kosten des Geschmacks geht. Denn da auch hier eine Umgewöhnung stattfinden kann, macht sich dieser Umstand schon nach kurzer Zeit nicht mehr bemerkbar.

Es gibt kein perfektes Lebensmittel, das allen Ansprüchen jeder Kategorie gerecht werden kann. Wichtig ist daher, eine Balance zu finden.

Wieder kein Foodstyling

Wie in allen meinen Büchern und Rezepten vertrete ich auch mit diesem Buch den Standpunkt, dass bei allem Appetit den unsere Augen haben mögen, das Essen für den Mund gedacht ist. Sein wichtigster Zweck ist die Ernährung des Körpers. Und unsere Geschmacksnerven lassen sich kaum so vom Schein trügen wie unsere Augen. Daher messe ich ihnen größere Bedeutung bei als der Optik. Anders ausgedrückt: Wichtig ist der Geschmack, denn er vermag den ganzen Geist zu erfreuen. Visuelle Reize nehmen daher höchstens den dritten Rang ein. Foodstyling wie es in unseren Zeiten vielfältig betrieben wird, ist zu einer teils beeindruckenden Kunst geworden, verlagert jedoch den Fokus meines Erachtens nach auf die falsche Ebene.

Mir ist wichtig, dass Sie jedes Dessert in diesem Buch genau so fotografisch repräsentiert sehen, wie es auch in der kleinsten Küche mit geringem Aufwand entstehen kann.

Zusammenfassung

- Urgeschmack bedeutet Genuss, Gesundheit und Nachhaltigkeit.
- Langfristig gesund und genussvoll können wir uns nur ernähren, wenn wir nachhaltige Landwirtschaft betreiben.
- Industriell hergestellte und verarbeitete Produkte stellen für den menschlichen Organismus tendenziell eine gesundheitliche Herausforderung dar, Zivilisationskrankheiten sind die Folge.
- Ähnlich der Paläo-Diät oder Steinzeiternährung finden bei Urgeschmack nur möglichst natürliche Nahrungsmittel Verwendung, auf Getreide, Zucker und Pflanzenöle wird verzichtet, Milch in Maßen konsumiert.
- Pragmatik und Gesundheit gehen vor Dogmatik. Ziel ist ein gesundes und genussvolles Leben, nicht ideologische Tretmühlen.
- Das Auge darf Appetit machen, aber gegessen wird mit Mund und Magen.

Kapitel 1: Zutaten

Eier, Butter, Zucker, Mehl – die klassischen Zutaten für Kuchenteige auf der ganzen Welt. Speziell die beiden letzteren Zutaten in der Liste lassen die Anhänger einer gesunden, naturnahen Ernährungsform aufhorchen. Denn hier gelten Zucker und Mehl, zumindest solches aus Getreide, als Tabu, zu vermeiden oder zumindest mit großer Vorsicht zu genießen (näheres dazu finden Sie im Anhang dieses Buches ab Seite 106 oder in „Das Urgeschmack-Kochbuch: Jeden Tag gesund und lecker").

Doch der Kuchen ist damit keineswegs vom Tisch, denn um Substanz und Süße herzustellen gibt es Alternativen, die ich in diesem Kapitel vorstellen möchte. Diese Alternativen sind so zahlreich und weisen so unterschiedliche Eigenschaften auf, dass es beinahe unmöglich scheint, sie alle zu erfassen und ausführlich zu untersuchen. In diesem Buch konzentriere ich mich auf die Zutaten, die am weitesten verbreitet und dementsprechend leicht erhältlich sind, sowie am meisten Erfolg versprechen.

Selbstverständlich gibt es in diesem Buch noch anderes Desserts als nur Kuchen. Doch das Problem bleibt in der Regel bestehen, denn der Großteil aller verbreiteten Desserts enthält Zucker, und für diese Süße muss meist ein angemessener Ersatz gefunden werden, will der gesundheitsbewusste Esser in den vollen Genuss der Leckerei kommen.

Einige dieser Zutaten sind vielleicht schwierig zu beziehen, weil sie selten oder nie in Supermärkten angeboten werden. Aus diesem Grund stelle ich Ihnen eine regelmäßig aktualisierte Liste im Internet unter **urgck.de/bezugsquellen** zur Verfügung.

Mehl

Mehl stellt die Substanz, das Volumen, den Körper für fast alle Brote und Kuchen. Getreidemehl liefert reichlich Kohlenhydrate in Form von Stärke und ist somit meist auch einer der größten Nährstofflieferanten in Gebäck. Speziell wenn es um Brote und Kuchen geht, liefern Getreidemehle noch einen wichtigen, leider in doppelter Hinsicht kritischen Bestandteil: Gluten.

Gluten

Gluten ist ein Lektin, ein sogenannter Anti-Nährstoff der nicht nur Menschen mit einer Gluten-Unverträglichkeit schadet, sondern prinzipiell Einfluss auf jeden Menschen hat. Mehr Informationen dazu finden Sie ab Seite 106.

Gluten ist gleichzeitig jedoch auch eine Backzutat von zentraler Bedeutung. Es handelt sich dabei um ein spezielles Protein, das in der Lage ist, sehr stabile und zugleich flexible Stränge zu bilden. Das passiert besonders dann, wenn Gluten geknetet wird. Durch diese Eigenschaft können Brote und Kuchen beim Backen aufgehen, ohne aufzubrechen, denn die sich bildenden Luftblasen können sich zwar vergrößern, platzen jedoch nicht. So entsteht luftiges und knuspriges Gebäck. Kaum ein anderer Stoff kann diese Funktion erfüllen und das ist auch der Grund dafür, dass die Anpassung vieler klassischer Rezepte mit Getreidemehl an eine glutenfreie Ernährung nicht einfach ist.

Einen Teig ohne Gluten zuzubereiten bedeutet also unter anderem, dass er weniger luftig wird. Diesen Effekt kennen Sie vielleicht von einigen klassischen Brotsorten, die auf der Oberseite viele tiefe Risse haben. Dies ist ebenfalls dem geringen Glutengehalt geschuldet, es mangelt an Flexibilität im Teig und das Gebäck reißt beim Backen auf.

Von der Vorstellung der gewohnten oder „normalen" Konsistenz eines Kuchens sollte man sich verabschieden, wenn man ohne Getreidemehle und ohne Gluten backt. Dann jedoch ist man offen für die völlig neuen Texturen, die sich der Zunge erschließen und das Potential für Experimente ist gewaltig.

Phytinsäure

Phytinsäure ist ein weiterer Anti-Nährstoff, der in Getreide, aber auch in Nüssen vorkommt. Unter anderem bindet sie Mineralstoffe wie Calcium, Magnesium und Eisen unlöslich, die dem Verdauungssystem dann nicht mehr zur Verfügung stehen. Beim Verzehr großer Mengen Phytinsäure kann es so zu einem Nährstoffmangel kommen. Bei einer allgemein ausgewogenen Ernährung ist der gelegentliche Verzehr phytinsäurehaltiger Lebensmittel jedoch unproblematisch. Durch vorheriges Einweichen der Nüsse und Körner kann ein Teil der Phytinsäure abgebaut werden. Wird beim Einweichen ein Löffel Naturjoghurt hinzugegeben, kann dies den Prozess weiter verbessern (mehr Informationen über Phytinsäure und das Einweichen finden Sie ab Seite 112).

Alternativen

Buchweizen, Amarant & Co: Pseudogetreide

Buchweizen hat mit Weizen nur den Namen gemeinsam. Tatsächlich handelt es sich hier wie auch bei Amarant und Quinoa jedoch nicht um die Körnerfrüchte eines Süßgrases, sondern um sogenanntes Pseudogetreide. Das Mehl aus diesen Körnern enthält kein Gluten, besteht jedoch wie die meisten echten Getreide auch zu rund drei Vierteln aus Stärke.

Einige Teige, die üblicherweise aus Weizenmehl und Eiern hergestellt werden, können ohne große Anpassungen auch aus Pseudogetreide hergestellt werden. Denn in diesen Fällen entsteht der Halt oft weniger durch das Gluten als vielmehr durch die Eier. Durch den annähernd gleichen Stärkegehalt ändert sich abgesehen von den Anti-Nährstoffen kaum etwas und dementsprechend ähneln sich die Backeigenschaften. Eben diese Stärke bedeutet jedoch auch einen hohen Kohlenhydratanteil, was diese Mehle für Anhänger einer kohlenhydratarmen Ernährung zumindest für den regelmäßigen Verzehr unattraktiv macht.

Nussmehle und gemahlene Nüsse

Streng genommen ist ein Nussmehl das, was beim Mahlen von entölten Nüssen herauskommt. Oft handelt es sich dabei um ein Nebenprodukt der Ölproduktion aus Nüssen wie Mandeln. Bei diesem Prozess werden die ausgepressten Reste, Presskuchen genannt, gemahlen und separat verkauft.

Im Gegensatz zu solchen Nussmehlen steht das, was Sie in den meisten Supermärkten als „Gemahlene Mandeln" finden. Denn dabei handelt es sich wirklich ganz einfach um unbehandelte, also nicht-entölte, gemahlene Nüsse. Die Unterscheidung zwischen Nussmehl und gemahlenen Nüssen ist sehr wichtig, denn letztere haben naturgemäß einen viel höheren Fettanteil als die Nussmehle. Und dementsprechend weicht auch ihr Backverhalten ab. Die Bezeichnungen *Nussmehl* und *Gemahlene Nüsse* werden leider auch im Handel oft gemischt und sind daher nicht einheitlich in Gebrauch.

Alle Mehle dieser Kategorie haben gemeinsam, dass sie schneller anbrennen als Getreidemehle. Es muss entsprechend meist mit niedrigeren Backtemperaturen gearbeitet werden.

Viele Nussarten enthalten Omega-6-Fettsäuren, die im Übermaß eine nachteilige Auswirkung auf die Gesundheit haben können (mehr dazu ab Seite 139). Unterm Strich wirkt sich dies weniger aus als die Probleme, die Getreide mit sich bringt. Von einem täglichen Verzehr in großen Mengen ist dennoch abzuraten, gelegentlicher Genuss stellt allerdings kein Problem dar.

Kokosprodukte sind von dieser Problematik nicht betroffen: Botanisch betrachtet sind Kokosnüsse keine Nüsse, sondern Steinfrüchte. Dies erklärt auch die stark abweichenden Eigenschaften gegenüber Nüssen. Sie enthalten praktisch ausschließlich gesättigte Fettsäuren, die sehr stabil sind und kaum ranzig werden.

Nussmehle

Nussmehle sind entölt und haben meist einen Fettanteil um höchstens 10%, sind dementsprechend fein weil sie nicht zur Klümpchenbildung neigen und sie nehmen mehr Flüssigkeit auf. Nussmehle aus verschiedenen Nüssen weisen sehr ähnliche Eigenschaften auf. Mandelmehl hat mit einem Eiweißanteil von rund 40% eine sehr große Haftfähigkeit und eignet sich so sehr gut als Grundlage für beispielsweise Plätzchen. Das gleiche gilt für Walnussmehl. Die verschiedenen Nussmehle können im Verhältnis 1:1 gegeneinander ausgetauscht werden, wobei sich der Geschmack natürlich verändert.

Aufgrund ihrer Eigenschaften (gute Klebewirkung, trockene Textur) eignen sich Nussmehle vergleichsweise gut für die Zubereitung von Mürbeteig-ähnlichem Gebäck.

Nussmehle sind nicht ganz einfach zu bekommen, doch einige Ölmühlen bieten sie regelmäßig an. Stets aktuelle Quellen und zuverlässige Lieferanten finden sie im Internet unter urgck.de/bezugsquellen .

Gemahlene Nüsse (Haselnüsse, Mandeln...)

Sehr viel einfacher erhältlich als Nussmehle sind gemahlene Nüsse, die sich in den meisten heimischen Küchen mit Hilfe eines Mixers auch selbst herstellen lassen. Hier gibt es sehr große Unterschiede in der Feinheit des Endproduktes. Bei einigen Marken schwankt dies stark, einige enthalten grundsätzlich viele größere Stückchen während andere Hersteller konsistent sehr fein gemahlene Nüsse anbieten. Die Feinheit hat auch Einfluss auf die Backzeit. Denn feineres Mehl weist insgesamt eine größere Oberfläche auf, folglich kann sich die Backzeit je nach Teig um 10-20% verkürzen.

Am häufigsten angeboten werden im Handel gemahlene Mandeln und gemahlene Haselnüsse. Der charakteristische Eigengeschmack beider Sorten ist sehr ausgeprägt, wobei gemahlene Mandeln meist als etwas neutraler empfunden werden. Obwohl ihre Eigenschaften leicht voneinander abweichen, können Sie beide Produkte in den meisten Rezepten auch gegeneinander austauschen.

Mandeln enthalten signifikant mehr Eiweiß als die meisten anderen Nüsse, daher haben sie eine höhere Klebewirkung.

Kokosmehl

Wie die Nussmehle wird auch Kokosmehl vor dem Mahlen entölt. Dabei entsteht ein sehr feines, faserhaltiges und saugfähiges Mehl. Es nimmt sehr große Mengen Flüssigkeit auf, was zu einem sehr trockenen Teig führen kann. Die Klebewirkung ist eher schlecht, ein Teig aus Kokosmehl benötigt mehr Eier zur Bindung.

Der Vorteil von Kokosmehl liegt in seinem Geschmack, der sich sehr vielseitig kombinieren lässt. Außerdem enthält dieses Mehl praktisch nur mittelkettige gesättigte Fettsäuren. Diese sind sehr stabil und werden kaum ranzig. Die mehrfach ungesättigten Omega-6-Fettsäuren spielen hier keine Rolle (mehr dazu ab Seite 132).

Kokosraspeln

Hier handelt es sich tatsächlich einfach nur um das getrocknete und mit vollem Fettanteil geraspelte Fruchtfleisch von Kokosnüssen. Dieses Produkt wird vielerorts günstig angeboten und eignet sich ebenfalls als Mehlersatz. Trotz ihres recht hohen Fettgehalts hinterlassen Kokosraspeln im Mund oft ein etwas trockenes Gefühl, was sich auf ihren großen Faseranteil aber auch auf den Mahlgrad zurückführen lässt. Daher ist eine Auflockerung des Teiges zum Beispiel mit Hilfe von Eischnee ratsam. Beispiele dafür finden Sie unter den Rezepten dieses Buches.

Aufgrund ihrer Eigenschaften können Kokosraspeln nicht einfach durch gemahlene Nüsse ersetzt werden. Ein Ersatz von 3 Teilen Kokosraspeln durch 2 Teile gemahlene Nüsse ist möglich (zum Beispiel 60 g gemahlene Mandeln statt 90 g Kokosraspeln). Dabei ist es ratsam, nur einen Teil des Mehls durch ein anderes zu ersetzen, da sich sonst die Backeigenschaften zu stark verändern können. Achten Sie beim Kauf darauf, möglichst fein geraspelte Produkte zu wählen, hier gibt es durchaus Unterschiede. Feinere Kokosraspeln weisen in der Regel eine angenehmere Textur auf. Bezüglich des Fettanteils und der Fettsäuren gelten hier die gleichen Vorteile wie beim Kokosmehl.

Mehlvergleich

In der folgenden Tabelle finden Sie eine Übersicht über die in diesem Buch verwendeten Mehle und deren Eigenschaften. Es gibt unzählige weitere Mehle. Die meisten davon lassen sich jedoch meist direkt mit den hier erwähnten Mehlen vergleichen. Ein Beispiel: Haselnussmehl (also das Mehl aus entölten Haselnüssen) verhält sich grundsätzlich sehr ähnlich wie Mandelmehl und Walnussmehl.

Tabelle: Mehlvergleich

	Verfügbarkeit[1]	Klebewirkung[2]	Geschmack	Gluten	Kohlenhydratanteil
Weizenmehl	Sehr Gut	Sehr gut	Neutral	Glutenhaltig	Hoch
Buchweizen-mehl	Gut	Gut	Stark nussig/ kernig	Glutenfrei	Hoch
Gemahlene Mandeln	Gut	Gut	Je nach Sorte leicht süß bis bitter	Glutenfrei	Niedrig
Gemahlene Haselnüsse	Gut	Schlecht	Haselnuss	Glutenfrei	Niedrig
Kokosraspeln	Gut	Schlecht	Kokos	Glutenfrei	Sehr niedrig
Mandelmehl	Schlecht	Gut	Marzipan	Glutenfrei	Niedrig
Walnussmehl	Schlecht	Gut	Roggen	Glutenfrei	Niedrig
Kokosmehl	Schlecht	Schlecht	Zwieback	Glutenfrei	Niedrig

1 Gemessen an Verbreitung und Preis.

2 Bei Mischung mit Wasser. Der Eiweißgehalt einiger Mehle führt zu einer hohen Klebewirkung auch ohne Gluten oder Zusatz von Eiern.

Zusammenfassung

- Getreidemehle enthalten neben einem großen Kohlenhydratanteil viele Anti-Nährstoffe und sind daher weniger empfehlenswert.
- Buchweizenmehl enthält kein Gluten, kann in vielen Situationen herkömmliches Getreidemehl ersetzen, enthält jedoch ebenfalls viele Kohlenhydrate.

- Nussprodukte enthalten kaum Anti-Nährstoffe, brennen etwas schneller an und sollten aufgrund des hohen Omega-6-Fettsäuren-Anteils nur in Maßen konsumiert werden.
- Kokosnüsse sind keine Nüsse, sondern Steinfrüchte. Ihre Eigenschaften weichen daher stark von denen der Nüsse ab.
- Nussmehle (z.B. Mandelmehl) werden aus entölten Nüssen hergestellt und haben einen Fettanteil von nur rund 10%. Im Allgemeinen ist ihre Klebewirkung größer und sie eignen sich vor allem für festere Teige und Mürbeteig-ähnliches Gebäck.
- Gemahlene Nüsse haben im Unterschied dazu den vollen Fettgehalt.
- Unter den gemahlenen Nüssen haben Mandeln die stärkste Klebewirkung.
- Kokosmehl ist sehr saugfähig und hat einen hohen Faseranteil, schmeckt daher sehr trocken.
- Kokosraspeln bringen kaum gesundheitliche Nachteile mit sich, dem teils etwas trockenen Geschmack kann im Rezept entgegengewirkt werden.
- Kokosraspeln können ungefähr im Verhältnis 3:2 durch gemahlene Nüsse ersetzt werden und umgekehrt. Für 90g Kokosraspeln sind ungefähr 60g gemahlene Nüsse einzusetzen.

Meine Empfehlung

Welches Mehl soll ich denn nun nehmen? Diese Frage mag sich so mancher Leser stellen, denn anscheinend gibt es immer einen Haken. Für mich geht die Gesundheit vor, daher versuche ich möglichst oft auf Kokosraspeln zurückzugreifen. Nur wenn es nicht anders geht verwende ich gemahlene Haselnüsse. Eine guter Mittelweg ist auch die Mischung von Kokosraspeln und gemahlenen Nüssen. Die (entölten) Nussmehle sind stärker verarbeitet, selten erhältlich und verhältnismäßig teuer, weswegen sie auch in diesem Buch nicht oft zur Anwendung kommen.

Süße

Desserts ohne Süße, auch wenn es Ausnahmen geben mag, sind kaum vorstellbar. Es ist gerade die Süße, die ein Dessert nach einer deftigen Mahlzeit (aber auch zwischendurch) oft erst attraktiv macht. Die am weitesten verbreitete Quelle von Süße ist jedoch Haushalts- oder Tafelzucker, auch *Sucrose* oder *Saccharose* genannt. Dieser Stoff, eine Verbindung aus *Glucose*- und *Fructose*molekülen, ist in den westlichen Industrienationen und auch darüber hinaus so allgegenwärtig und im Überfluss vorhanden, dass man ihn als echtes Problem bezeichnen könnte. Zucker, in großen Mengen und regelmäßig verzehrt, ist gesundheitsschädlich. Mehr darüber erfahren Sie im Anhang ab Seite 115. In diesem Kapitel soll es um alternative Möglichkeiten der Süßung gehen.

Mit den Rezepten in diesem Buch möchte ich dem Trend entgegentreten, Haushaltszucker einfach nur durch eine natürlichere Alternative zu ersetzen, die großen Mengen jedoch beizubehalten. Denn gesundheitlich hilft dies niemandem weiter. Statt also lediglich die Art des eingesetzten Süßungsmittels zu ändern, verwende ich nur minimale Mengen. Der Geschmack entsteht durch die übrigen Zutaten, nicht durch die Süße allein. An eine weniger süße Ernährung kann man sich sehr schnell gewöhnen. Und der Geschmackssinn erkennt schnell neue, tiefere Dimensionen verschiedener Aromen, wenn nicht alles einfach nur süß schmeckt.

Tafelzucker verfügt neben seiner Süße über ein eigenes Volumen und weitere Eigenschaften wie die Fähigkeit zur Karamellisierung. Daher ist ein Ersatz durch andere, besonders aber hoch konzentrierte Süßstoffe, in einigen Fällen nicht ohne größere Umformulierung des Rezepts möglich.

Natürliche Süße: Honig, Agavensirup, Stevia, ...

Die derzeit geschmacklich besten Alternativen zu herkömmlichem Haushaltszucker sind sicherlich Honig und Agavensirup. Allen Marketingbemühungen zum Trotz muss jedoch gesagt werden, dass der Kohlenhydratanteil dieser beiden Nektare dem von Haushaltszucker stark ähnelt. Allerdings lassen sich Honig und Agavensirup leichter gewinnen, es sind also die naturnäheren Produkte und besonders Honig weist mehr Eigengeschmack auf. Beide Süßungsmittel schmecken ungefähr 15-20% süßer als Tafelzucker.

Honig

Honig, das ist weithin bekannt, wird von Bienen hergestellt und lässt sich mit etwas Glück auch in der freien Natur finden. Wer die richtige Technik beherrscht und über ein wenig Mut verfügt, kann auf diesem Wege sicherlich ein paar Handvoll des süßen Saftes gewinnen. Glücklicherweise gibt es Imker, die Bienen züchten und dem Endverbraucher die mühsame und umständliche Arbeit der Honiggewinnung abnehmen. Genau diese sollten Sie übrigens nach Möglichkeit direkt und regional unterstützen, denn dort wissen Sie, was sie bekommen. Honig aus dem Supermarkt ist oft ein Gemisch von Produkten aus aller Welt, wobei auch genetisch manipulierte Pflanzen als Quelle nicht auszuschließen sind.

Honig enthält ebenfalls Glucose und Fructose, jedoch anteilig mehr Fructose. Darüber hinaus bietet er durch die enthaltenen sekundären Wirkstoffe viele gesundheitliche Vorteile, über die Sie ab Seite 123 mehr erfahren. Trotz dieser Vorteile sollte Honig genauso in Maßen genossen werden wie Haushaltszucker.

Agavensirup

Agaven sind Pflanzen, die durchaus große Ähnlichkeit mit Kakteen aufweisen. Ihnen wird auf recht einfachem Wege ein Saft entnommen, der mit nur wenigen Verarbeitungsschritten, nämlich Filtern und Erhitzen, in Agavensirup (Agavendicksaft, Agavennektar) umgewandelt wird. Das Verbreitungsgebiet der Agaven erstreckt sich vornehmlich über Mittelamerika, der Großteil der Agavensirup-Produktion findet in Mexiko statt – es handelt sich also für uns um ein Importprodukt.

Agavensirup enthält anteilig deutlich mehr Fructose als Glucose, was zunächst weniger vom Körper verwertbare Kalorien bedeutet, jedoch zugleich eine etwas höhere Belastung der Leber durch Fruktose. Mehr darüber erfahren Sie im Anhang ab Seite 120. Da Agavensirup bei gleicher Menge süßer ist als herkömmlicher Zucker, stellt er dennoch eine gute Alternative dar.

Stevia

Stevia rebaudiana ist eine von 200 Pflanzenarten aus der Gattung Stevia. Diese Pflanze wird schon seit Jahrhunderten als Süßstoff benutzt, ein Extrakt daraus (ebenfalls Stevia genannt) ist 250-450 mal süßer als herkömmlicher Haushaltszucker. Einige neue Produktionsmethoden erreichen sogar eine noch höhere Süße, was jedoch durch erhöhten Chemikalieneinsatz auf Kosten der Natürlichkeit dieses Stoffes geht und nicht zu empfehlen ist. Seit Ende 2011 ist Stevia auch in der Europäischen Union für die Ernährung zugelassen.

Erhältlich ist dieser Süßstoff als flüssiger Extrakt, in Pulverform und als kleine Tabletten. Am einfachsten zu handhaben ist wohl die flüssige Form, die Tropfen lassen sich leicht abzählen und gut verrühren.

Je nach Produktqualität kann Stevia auch einen bitteren Beigeschmack aufweisen; eine Eigenschaft, die allerdings auch mit der Dosierung zusammenhängt. Denn eine Überdosierung führt oft ebenfalls zu einem unangenehmen Geschmack. Stevia hat keinen nennenswerten Einfluss auf die Verdauung oder den Insulinspiegel und eignet sich daher hervorragend für eine gesundheitsbewusste Ernährung. Das fehlende Volumen, der je nach Produktqualität schwankende Beigeschmack und die teils starke Modifikation sind jedoch Wermutstropfen.

Xylit

Der Name mag chemisch klingen, doch Xylit ist ein waschechter, natürlicher Zuckeraustauschstoff, der auch genau so schmeckt wie Zucker. In der Natur kommt dieser sogenannte Zuckeralkohol unter anderem in Gemüse und Obst wie Pflaumen oder Erdbeeren vor. Die industrielle Gewinnung geschieht auf der Grundlage von Birkenholz und Maiskolben. Xylit gilt als unbedenklich und enthält nur halb so viele Kalorien wie Haushaltszucker.

Dennoch sei darauf hingewiesen, dass bei der Herstellung eine chemische Modifikation vorgenommen wird, auch wenn diese nach derzeitigem Kenntnisstand gesundheitlich unbedenklich ist. Für einige Tierarten (u.a. Hunde und Rinder) ist Xylit jedoch schon in geringen Mengen toxisch. Die Herstellung ist relativ aufwändig und das Produkt entsprechend teuer.

Xylit hat nur geringen Einfluss auf den Blutzucker- und Insulinspiegel. Es gibt darüber hinaus starke Hinweise auf eine kariesreduzierende Wirkung.

Erythrit

Dies ist ebenfalls ein Zuckeralkohol der zu den zugelassenen Zuckeraustauschstoffen gehört. Seine Herstellung kann chemisch erfolgen, wird jedoch heute kostengünstiger auf mikrobieller Basis mit Hilfe von Pilzen durchgeführt. Erythrit wird vom Verdauungstrakt sehr gut angenommen und verursacht anders als viele andere Zuckeralkohole keinen Durchfall.

Erythrit enthält beinahe keine Kalorien und hat nur geringen Einfluss auf den Blutzucker- und Insulinspiegel. Es hat laut aktueller Studien keinen negativen Effekt auf die Zähne.

Synthetische Süßstoffe: Aspartam, Saccharin, …

Die diversen synthetischen Süßstoffe wie Aspartam, Saccharin und Sucralose sind allesamt seit ihrer Erfindung Gegenstand zahlreicher Diskussionen. Krebsfördernde Wirkung wird ihnen nachgesagt, ebenso das Auslösen von Hungergefühlen oder Durchfall und anderes. Wenige Untersuchungen können dies wissenschaftlich belegen – doch auch die Sicherheit dieser künstlichen Süßstoffe ist bislang nicht bewiesen. Es sind naturfremde Stoffe, die für den menschlichen Organismus neu sind. Daher denke ich, dass es Sinn macht, auf den Konsum dieser Stoffe vollständig zu verzichten, zumindest bis die gesundheitliche Unbedenklichkeit zweifelsfrei nachgewiesen ist.

Zusammenfassung

- Agavennektar und Honig sind minimal verarbeitete Naturprodukte und schmecken 15-20 % süßer als Haushaltszucker. 80 g Honig oder Agavennektar sind demnach so süß wie 100 g Haushaltszucker. Sie enthalten ähnliche Mengen Kohlenhydrate, der Fructoseanteil ist besonders bei Agavennektar höher, ein gemäßigter Konsum daher ratsam. Honig bietet zusätzlich viele gesundheitliche Vorteile.
- Stevia ist ein Naturprodukt, um ein Vielfaches süßer als Zucker und enthält keine Kalorien. Die Verwendung ist in flüssiger Form am einfachsten, in allen Formen ist oft ein bitterer Beigeschmack wahrnehmbar.
- Erythrit und Xylit sind Zuckeralkohole, die als Zuckeraustauschstoffe zugelassen sind. Xylit enthält nur halb so viele Kalorien wie Zucker, Erythrit gar keine. Es bestehen nach derzeitigem Kenntnisstand keine ernsthaften gesundheitlichen Beeinträchtigungen. Die Produkte sind relativ teuer.
- Synthetische Süßstoffe wie Aspartam, Saccharin, Sucralose sind aufgrund ihrer gesundheitlichen Nebenwirkungen umstritten, ihre Sicherheit ist nicht bewiesen.

Meine Empfehlung

Grundsätzlich versuche ich, möglichst wenig zusätzliche Süße zu verwenden.

Beinahe wäre Stevia die Traumlösung, wäre da nicht der bittere Beigeschmack, den kaum ein Produkt zu verbergen weiß. Wer gerne experimentiert und dies geschickt zu überdecken weiß, der mag es gerne versuchen. Solange bleibe ich zum Süßen bei Honig, denn er bietet zusätzliche Vorteile. Agavennektar wird weit transportiert und Xylit und Erythrit sind mir zu stark verarbeitet und zu teuer.

Es ist leider unmöglich, eine verbindliche Tabelle mit einem Süßkraftvergleich aller Süßstoffe zu erstellen. Zu verschieden sind dafür die Konzentrationen und Rezepturen besonders im Falle der Zuckeralkohole und Stevia. Zudem kann ein einfacher Vergleich der Süßkraft nicht den vielfältigen zusätzlichen Aromen zum Beispiel des Honigs Rechnung tragen.

Da Honig ein natürlich vorkommendes Lebensmittel ist und auch in unseren Regionen reichlich erzeugt wird, verwende ich diesen als Ausgangspunkt für die Rezepte in diesem Buch.

Was Stevia sowie die Zuckeralkohole Erythrit und Xylit angeht, so befinden sich auf den Verpackungen der Produkte in der Regel genaue Angaben darüber, welche Menge des Süßstoffs die gewünschte Menge Zucker (oder in diesem Fall Honig) ersetzt.

Sollte man Stevia oder Zuckeralkohole konsumieren? Gesundheitlich scheinen diese Stoffe nach aktuellem Stand der Wissenschaft unbedenklich zu sein. Ich denke, es handelt sich letztlich um eine Frage der Einstellung, aber auch Praxis. Denn die hochwertigen Produkte dieser Kategorie sind verhältnismäßig teuer. Und ich persönlich habe ein besseres Gefühl in der Küche, wenn ich genau weiß, dass ich die verwendeten Zutaten auch selbst in der Natur beschaffen könnte. Die Entscheidung darüber sollte jeder selbst treffen.

Hinsichtlich der übrigen Süßstoffe rate ich von der Verwendung synthetischer Stoffe grundsätzlich ab.

Fett

Neben der vielzitierten Aufgabe als universeller Geschmacksträger leistet Fett noch viele weitere, wichtige Dienste. Fett macht Gebäck knusprig und saftig und verleiht eine goldene Farbe. Gleichzeitig sorgt es für luftige und zartere Teige. Eine echte Allzweckwaffe, wie dem Klischee zufolge jeder französische Koch sehr genau weiß.

Aufgrund einer mittlerweile als unbegründet bewiesenen Angst vor gesättigten (meist tierischen) Fetten hat sich allerdings in den letzten 50 Jahren die Verwendung industriell verarbeiteter, pflanzlicher Fette wie Margarine durchgesetzt. Die Ironie, dass es gerade diese Ersatzfette sind, die uns krank machen, wurde von anerkannten Ernährungswissenschaftlern und Biologen hinreichend erläutert, weitere Informationen dazu finden Sie ab Seite 132.

Glücklicherweise gibt es genügend weit verbreitete und gesunde Fette, so dass in diesem Bereich keine große Suche begonnen werden muss.

Butter

Die gute alte Butter hat den 50-jährigen Dauerbeschuss aus allen Richtungen gut überstanden. Das mag an ihrer Unersetzbarkeit liegen: Zu aller Großartigkeit eines gesunden Fetts gibt gute Butter noch ihren eigenen, unnachahmlichen Geschmack hinzu. Doch auch Butter ist längst nicht mehr gleich Butter. Einzig die Butter von Weidekühen, oft auch „reine Weidebutter" genannt, ist in jedem Falle zu bevorzugen und das nicht nur aus gesundheitlichen Gründen (mehr dazu ab Seite 132) sondern auch, weil sie geschmacklich überlegen ist. Eine Kuh, die täglich auf offener Weide frisches Gras fressen kann gibt nun mal andere Milch als ihre eingestallte und mit Hochleistungsfutter ernährte Kollegin.

Butter kann Margarine 1:1 ersetzen, wobei Sie den Unterschied gewiss sofort schmecken werden. Einzig hohe Hitze verträgt Butter nicht gut, daher sollte sie nicht zum scharfen anbraten verwendet werden – zum Ausbacken eines Pfannkuchens bei eher niedriger Hitze und natürlich für Kuchenteige ist sie jedoch gut geeignet. Die Rezepte in diesem Kochbuch wurden allesamt unter Verwendung von Butter entwickelt, funktionieren jedoch auch mit Kokosfett.

Butter ist zwar ein Milchprodukt, doch sie enthält größtenteils hochwertige Fette und nur relativ wenig Lactose und Casein, daher treffen auf sie die gesundheitlichen Bedenken bezüglich Milchprodukten praktisch nicht zu.

Margarine

Margarine ist ein aus Pflanzenfett hergestelltes, sehr stark verarbeitetes und mit Zusatzstoffen belastetes Produkt, das unzählige Schritte in der Raffination, Modifikation und Rekombination durchlaufen hat. Mit einem echten Lebensmittel hat es nicht mehr viel gemeinsam. Darüber hinaus enthält Margarine meist große Mengen gesundheitlich bedenklicher Omega-6-Fettsäuren sowie Transfettsäuren (mehr dazu ab Seite 140). Es gibt keinen Grund, Margarine zu konsumieren und ich rate dringend davon ab. Echte Fette wie hochwertige Butter, Schmalz oder Olivenöl bieten ganz ohne aufwändige chemische Behandlung wesentlich mehr Nährwert und vor allem vollen Geschmack.

Kokosfett / Kokosöl

Kokosfett besteht größtenteils aus gesättigten Fettsäuren. Da diese in der Regel jedoch ausschließlich mit tierischen Quellen in Verbindung gebracht werden, hat Kokosfett nicht so sehr unter der Stigmatisierung gesättigten Fettes gelitten. Wie jedes gesättigte Fett ist Kokosfett bei Zimmertemperatur fest, der Schmelzpunkt liegt allerdings bei etwa 20-25° C wodurch das Fett im Sommer meist zu Öl wird.

Kokosfett weist ein frisches und meist nur leichtes Kokosaroma auf, das sich nicht in den Vordergrund drängt. Dadurch ist es sehr vielseitig einsetzbar und es kann beispielsweise auch Butter vollständig ersetzen. Der etwas höhere Rauchpunkt ermöglicht auch das Anbraten bei höheren Temperaturen als Butter, was bei Desserts jedoch selten nötig sein wird.

Kokosfett sollte möglichst aus kontrolliert biologischer Produktion stammen und ein schonendes Herstellungsverfahren ohne Zusatzstoffe durchlaufen. Kokosfett kann Butter im Verhältnis 1:1 ersetzen, allerdings ist selbstredend mit einem anderen Geschmack zu rechnen.

Zusammenfassung

- Butter aus Weidemilch ist gesund und verfeinert geschmacklich praktisch jede Speise.
- Margarine ist ein stark verarbeitetes Produkt aus Pflanzenfetten, geschmacklich unterlegen und gesundheitlich bedenklich.
- Kokosfett ist gesund, sehr temperaturstabil und kann Butter in Rezepten im Verhältnis 1:1 ersetzen.

Meine Empfehlung

Aufgrund der guten Verfügbarkeit ist hier Butter aus Weidemilch der klare Sieger. Nur selten findet Kokosfett den Weg in meine Küche, da es sich um ein teureres Importprodukt handelt und selten die Notwendigkeit für seine einmaligen Eigenschaften besteht. Wer auf Milchprodukte völlig verzichten möchte, ist mit Kokosfett als Ersatz jedoch wohl am besten beraten.

Eier

Eier geben einem Teig Halt. Das enthaltene Eiweiß gerinnt beim Erhitzen ab rund 65° C und wird fest – und mit ihm der Teig. Teige mit zu hohem Ei-Anteil können trocken und ledrig schmecken, besonders dann, wenn sie zu lange oder zu heiß gebacken werden.

Eier können also auch als Hilfsmittel eingesetzt werden, wenn die Basiszutat (zum Beispiel Kokosmehl) selbst keinen ausreichenden Halt herstellen kann.

Neben der Konsistenz haben Eier allerdings auch Einfluss auf den Geschmack, gerade das Eigelb verleiht Speisen eine unverkennbare Note. Werden Eigelb und Eiklar getrennt, entstehen weitere Verarbeitungsmöglichkeiten. So kann das Eiweiß steif geschlagen und vorsichtig unter einen Teig gehoben werden, wo es beim Backen für eine luftige, knusprige Textur sorgt. Eigelb ohne das Eiweiß schmeckt freilich noch satter und kann auch alleine als Basis für Eiercremes verwendet werden.

Herkunft

Glücklicherweise überstehen Eier ihre Reise vom Huhn bis in den Supermarkt in der Regel ohne weitere Verarbeitung. Allerdings bestehen große Qualitätsunterschiede, die auf die Produktion und teils auch auf den Vertrieb zurückzuführen sind.

Das Ei kommt aus der Henne, das ist klar. Doch so wie der Gesundheitszustand eines Rindes Einfluss auf Beschaffenheit und Geschmack des Fleisches hat, so spiegeln sich auch die Lebensumstände der Legehenne in den von ihr gelegten Eiern wider. Besonders das verwendete Futter macht sich sowohl im Geschmack als auch in der Nährstoffzusammensetzung bemerkbar. Ein frisches Ei von einem in echter Freilandhaltung lebenden Huhn, womöglich in Bio-Qualität, ist in jedem Fall zu bevorzugen. Bio-Eier aus dem Supermarkt stammen allerdings oft aus riesigen Stallanlagen, in denen die Hennen unter teils schlechteren Umständen leben als in manch kleiner Freilandhaltung. Je nach Länge des Vertriebsweges sind Eier auch im Supermarkt nicht so frisch wie Sie sie vom Bauernhof um die Ecke kaufen können. Eine kurze Suche nach einem solchen Hof lohnt sich auf alle Fälle, dann können Sie sich auch selbst ein Bild von den Haltungsbedingungen machen.

Milch

Der Verzehr von Milch und Milchprodukten ist sehr umstritten. Die Gründe dafür reichen von der simplen Feststellung, dass in der Steinzeit schließlich auch keine Tiermilch getrunken wurde und dieses Nahrungsmittel nach dem Konzept der Paläo-Diät folglich nichts in der Ernährung des Menschen zu suchen habe bis hin zu handfesten gesundheitlichen Bedenken. Weitere Hinweise zu diesen Bedenken dazu finden Sie ab Seite 125. Zusammengefasst lässt sich sagen: Milch ist nicht gleich Milch und sie bietet gesundheitlich sowohl Vorteile als auch Nachteile. Und darin ähnelt sie vielen anderen Lebensmitteln. Aus diesem Grund sollte jeder selbst entscheiden, ob und wie viel Milch er konsumieren möchte.

Milch ist eine Mischung aus (unter anderem) Wasser, Fett und Eiweiß und all diese Bestandteile haben verschiedenste Auswirkungen auf die Beschaffenheit und den Geschmack des Endproduktes. In glutenhaltigen Teigen hat Milch auch Einfluss auf die Entwicklung des Glutens. Werden alternative Mehle verwendet, machen sich manche Eigenschaften nicht mehr bemerkbar. Es gilt also, zu experimentieren.

Herkunft

Die Herkunft und Erzeugungsmethode der Milch hat einen immensen Einfluss auf die Qualität. Vorzuziehen ist Rohmilch bzw. Vorzugsmilch von reinen Weidekühen, welche zugleich auch den direkten Gegensatz zu dem darstellt, was im Supermarkt als Standardware erhältlich ist. Das Spektrum dazwischen ist sehr breit, so finden sich auf Wochenmärkten oft Landwirte, die lediglich pasteurisierte, jedoch nicht homogenisierte Milch anbieten. Dies ist ein guter Kompromiss, sofern die Milch von Kühen aus Weidehaltung stammt. Auch weitere Milchprodukte wie Käse und Butter unterliegen dieser Bandbreite des Qualitätsspektrums.

Alternative: Kokosmilch

Kokosmilch ist das Ergebnis eines Prozesses, bei dem Kokosfleisch mit Wasser vermischt und püriert, anschließend erhitzt und dann durch ein Tuch gepresst wird. Das Ergebnis ist eine weiße Flüssigkeit, die Milch sehr ähnelt, jedoch nach Kokos riecht und schmeckt und auch sonst nicht viel mit dem Tierprodukt gemeinsam hat. Der Fettgehalt liegt bei rund 18 % und reicht leider nicht, um Kokosmilch steif schlagen zu können. Dies kann jedoch erreicht werden, indem man die Milch einige Zeit im Kühlschrank ruhen lässt. Der fettere Anteil setzt sich dann an der Oberfläche ab und kann eine sehr cremige Konsistenz erlangen.

Kokosmilch kann bei der Zubereitung von Kuchen und anderen Desserts sehr gut als Ersatz für herkömmliche Milch eingesetzt werden.

In der Regel ist Kokosmilch in Supermärkten erhältlich, Sie sollten jedoch darauf achten, dass keine Zusatzstoffe enthalten sind. Alles was nötig ist, sind Wasser und Kokosnüsse.

Vom Standpunkt der Nachhaltigkeit ist durchaus die Frage gerechtfertigt, inwieweit Kokosmilch, die meist in Fernost hergestellt und über weite Strecken transportiert wird, in das Konzept passt. Die Antwort liegt im Ermessen jedes einzelnen. Kokosnüsse wachsen in unserem Klima nicht. Der gelegentliche Import von Kokosmilch ist daher kaum gleichzusetzen mit dem regelmäßigen Import von Äpfeln beispielsweise aus Neuseeland. Denn dieses Obst gedeiht in unseren Breitengraden reichlich, was den Transport aus Übersee wahrlich überflüssig macht.

Alternative: Mandelmilch

Mandelmilch ähnelt in der Verwendung Kokosmilch, jedoch ist der Fettgehalt viel geringer. Sie schmeckt erwartungsgemäß stark nach Mandeln, leicht süßlich und kann auch in der heimischen Küche einfach hergestellt werden. Dazu weichen Sie einfach eine Tüte Mandeln in heißem Wasser ein, stellen dies über Nacht in den Kühlschrank, pürieren die Mandeln zusammen mit dem Wasser und pressen diese Masse hinterher durch ein Durchseihtuch.

Zusammenfassung

- Milch ist als Nahrungsmittel umstritten, da es viele fundierte Argumente für, aber auch viele gegen ihren Konsum gibt.
- Kokosmilch hat einen markanten Geschmack, einen hohen Fettgehalt (~18%) und ist eine gesunde Alternative zur Kuhmilch. Mit wenigen Handgriffen kann auch eine Art Sahne aus ihr hergestellt werden. Kokosmilch ist ein Importprodukt und ist in der Regel mindestens 3-4 mal so teuer wie Kuhmilch.
- Mandelmilch hat einen geringeren Fettgehalt als Kokosmilch und schmeckt leicht süßlich. Die Herstellung ist in der heimischen Küche leicht möglich.

Meine Empfehlung

Milchprodukte konsumiere ich nur selten und beschränke mich auf einwandfreie Produkte aus Weidemilch. Aufgrund des hohen Preises der Alternativen (Kokos- oder Mandelmilch) und des Imports verzichte ich auf diese weitgehend. Die Rezepte in diesem Buch verlangen nur selten nach Milch oder Milchprodukten.

Weitere Zutaten

Backpulver

Tatsächlich ist Backpulver kein Stoff, der sich einfach so in der freien Natur finden lässt. Allerdings konnten im Laufe seiner über 100-jährigen Existenz und Verwendung keine gesundheitlichen Nachteile festgestellt werden. Und in Anbetracht der verschwindend geringen Mengen, die im Rahmen dieses Buches bei genau einem Rezept angewandt werden, siegt meines Erachtens nach dann doch die Pragmatik. Es handelt sich um ein ungemein praktisches Mittel.

Trotzdem funktionieren die betroffenen Rezepte grundsätzlich auch ohne Backpulver, auch wenn das Ergebnis abweichen wird. Einige Backpulver-Sorten können nachteilige Auswirkungen auf den Geschmack haben. Wenn für Sie nur solche Sorten verfügbar sind, machen Sie sich keine Sorgen: In dem einen betroffenen Rezept ist die Backpulvermenge so gering, dass dies nicht wahrnehmbar sein sollte.

Chia-Samen

Die Samen der *Salvia Hispanica* stammen ursprünglich aus Mexiko und werden heute in noch weiteren, warmen Gegenden angebaut. Chia-Samen enthalten hochwertiges Eiweiß, Vitamine, Mineralien und Antioxidantien sowie Omega-3-Fettsäuren.

Zu den bemerkenswerten Eigenschaften dieser Samen gehört, dass sie in Flüssigkeiten aufquellen und sich um sie herum eine schleimige Schicht aus Ballaststoffen bildet. Das Verhältnis für ein stabiles Gel ist ein Teil Chia-Samen zu sechs Teilen Flüssigkeit. So eignen sie sich als sehr einfach verwendbares Verdickungsmittel. Ein einfacher Schokoladenpudding ließe sich aus Milch, Chia-Samen und Kakaopulver herstellen. Auch Kuchenteigen auf Basis eiweißarmer Mehle können Sie mit Chia-Samen zu mehr Stabilität verhelfen. Da Chia-Samen ein verhältnismäßig exotisches Importprodukt sind, finden sie in den Rezepten dieses Buchs jedoch keine Anwendung.

Kakaopulver

Für die Rezepte in diesem Buch wurde ein leicht entöltes und ungesüßtes Kakaopulver verwendet. Es lohnt sich, nach einem hochwertigen Produkt frei von Zusatzstoffen zu suchen, denn geschmacklich macht sich dies bemerkbar. Stets aktuelle Quellen und zuverlässige Lieferanten finden sie im Internet unter **urgck.de/bezugsquellen** .

Kokossahne

Kokosmilch hat mit 18 % einen relativ hohen Fettgehalt. Nach längerer Lagerung oder kürzerem Aufenthalt im Kühlschrank lagert sich im Regelfall der fettere Anteil der Kokosmilch an der Oberfläche ab. Ich nenne dies Kokossahne. Je nach Produkt kann die Konsistenz sehr zähflüssig bis hin zu streichfest sein. In vielen Rezepten kann diese Kokossahne als Ersatz für herkömmliche Sahne verwendet werden.

Schokolade

Schokolade dient als zusätzliche Zutat einiger Rezepte in diesem Buch. Im Handel sind zahlreiche sehr hochwertige Produkte erhältlich, die nur mit den nötigsten und ausschließlich natürlichen Zutaten hergestellt werden. Doch selbst ein Zusatzstoff wie Soja-Lecithin in einer Bitterschokolade ist kein Grund, diese sofort zu verbannen. Die verwendeten Mengen sind in der Regel minimal und im Kontext bei mäßigem Konsum nicht schädlich.

Wenn Sie dennoch auf gekaufte Produkte verzichten möchten, so können Sie die in diesem Buch auf Seite 58 beschriebenen Schokoladentrüffel als Ersatz verwenden.

Kapitel 2: Problemlösung

Die Zubereitung von Desserts ist keine Zauberei. Es gelten die gleichen Gesetze, die auch sonst in der Küche gelten. Das Handwerk hat über die letzten Jahrhunderte einige sehr praktische Techniken und Erkenntnisse hervorgebracht, die wir uns zunutze machen können.

Gerade wenn Sie gerne in der Küche experimentieren, jedoch auch wenn Ihnen ein vorgegebenes Rezept einfach nicht gelingen mag, werden Sie immer wieder vor Problemen stehen wie: „Wie bekomme ich einen Teig luftiger?" Es gibt fast immer mehr als eine Lösungsmöglichkeit und in diesem Kapitel möchte ich Ihnen einige davon kurz vorstellen.

Luftigkeit

Eischnee

Wenn ein Rezept Eier enthält, trennen Sie vor dem Rührvorgang Eigelb und Eiweiß und schlagen Sie das Eiweiß steif. Wenn die übrigen Zutaten verrührt sind, heben Sie das Eiweiß vorsichtig unter. Dabei mit möglichst wenigen, vorsichtigen Bewegungen vorgehen, um die im Eiweiß gebundene Luft nicht wieder herauszudrücken. Eischnee fällt nach einiger Zeit wieder zusammen; wird er jedoch gebacken, verfestigt sich das Eiweiß und so bleibt die Luft im gebackenen Teig.

Backpulver

Als Backtriebmittel ist es die Aufgabe des Backpulvers, im Rahmen einer Reaktion unter Feuchtigkeit und Hitze Luftblasen zu produzieren, die einen Teig luftiger machen. Im direkten Vergleich eines Teiges mit und eines ohne Backpulver kann man am Backergebnis tatsächlich erkennen, dass sich bei der Verwendung von Backpulver die Lufttaschen im Gebäck gleichmäßiger verteilen. Dies hat auch Einfluss auf den Geschmack.

Butter

Auch Butter kann beim Schlagen cremig werden und Luft einschließen. So ist es möglich, eine Buttercreme ganz ohne Tütenware herzustellen. Gesüßt entsteht so eine köstliche Creme, die jedoch auch als Bestandteil verschiedener Rezepte dienlich sein kann. Auch in Gebäck kann Butter so zu einem etwas luftigeren Ergebnis führen.

Eier

Eine im Verhältnis zum Mehlanteil große Menge Eier (zum Beispiel 6 Eier auf 120g Mehl) kann ebenfalls für viel Auftrieb und Luft im Kuchen sorgen.

Saftigkeit

Desserts auf Basis von Cremes oder Flüssigkeiten sind naturgemäß meist saftig genug. Doch gerade die Verwendung alternativer Mehlsorten in Gebäck kann zu einem etwas trockenen Ergebnis führen. Hier gibt es leider keine Wunderwaffe, denn die Ursachen können unterschiedlich sein. Oft liegt der Gedanke nah, einfach vor dem Backen mehr Flüssigkeit in den Teig zu geben. Gibt man jedoch zu viel Wasser hinzu, wird auch der Teig oft wässrig und instabil. Die Hinzugabe von mehr Eiern führt ebenfalls oft nicht zum gewünschten Ergebnis, da Eier beim Garen sehr trocken werden können.

Häufig sind es die ungewöhnlich klingenden Lösungen, die überraschend gut funktionieren. Geriebene Zucchini oder Karotten in den Teig zu rühren hilft oft, Saftigkeit herzustellen ohne wässriges Gebäck zu riskieren. Die Wahl ist hier natürlich abhängig vom gewünschten Geschmack. Sollte es etwas süßer sein, helfen ein geriebener Apfel oder eine zerdrückte Banane sehr gut, die Gebäckstruktur zu verfeinern und mit gut gebundener Feuchtigkeit zu versehen.

Auch Stärke (zum Beispiel Pfeilwurzelmehl) kann helfen, einem Teig eine zartere Textur zu verleihen. Schon kleine Mengen sind ausreichend und helfen obendrein, eine bessere Bindung und Flexiblität zu erreichen.

Steifheit und Bindung

Eier werden beim Erhitzen fest, ihr Eiweiß gerinnt und sorgt so für Halt besonders in gebackenen Kuchenteigen. Jedoch passen Eier nicht in jedes Rezept.

Alternativ wird in herkömmlichen Produkten Stärke, oft Maisstärke, verwendet, um beispielsweise Pudding seine cremige Konsistenz zu verleihen. Darüber hinaus verwendet die Industrie zu diesem Zweck zahlreiche Mittel, deren Namen zu Buchstabieren den meisten Verbrauchern schwerfällt.

In einer möglichst naturnahen Ernährung finden viele dieser Mittel keinen Platz. Sei es ein prinzipieller Verzicht auf unbekannte Chemikalien im Essen oder schlicht die Meidung von Getreide: Die Suche nach einer Alternative kann lange dauern.

Vielerorts erwähnt und benutzt werden unter anderem Guarkernmehl, Konjakmehl oder auch Pfeilwurzelstärke. Alle drei Mittel sind beliebte und wirksame Alternativen.

Chia-Samen

Chia-Samen quellen in Flüssigkeit auf und bilden um sich herum eine Art schleimige Kugel aus Ballaststoffen, die der Konsistenz von Pudding oder Gelatine sehr ähnelt. Der Geschmack ist neutral, die Textur hingegen im Kern teils minimal knusprig. Auch mit diesem Mittel lässt sich eine Flüssigkeit gut andicken. Zur Anwendung sollten die Samen in der entsprechenden Flüssigkeit cirka 10-15 Minuten eingeweicht und alle 5 Minuten umgerührt werden. Das Verhältnis für ein Gel ist ungefähr ein Teil Chia-Samen zu sechs Teilen Flüssigkeit.

Gelatine

Ein weiteres wichtiges Hilfsmittel zum Verfestigen von Desserts ist Gelatine. Diese wird unter anderem dann freigesetzt, wenn Fleisch erhitzt wird. Sie bindet Geschmacksstoffe und macht sie so der Zunge besser verfügbar.

Gelatine kann mit einfachen Verfahren auch in der heimischen Küche gewonnen werden, aber der Griff zu fertiger Gelatine (ohne Zusatzstoffe) ist weniger mühselig. Gelatine unterscheidet sich insofern von allen anderen Geliermitteln, als dass sie beim Erhitzen flüssig wird und sich erst beim Erkalten verfestigt. Durch diese Eigenschaft kann sie sehr hoch dosiert verwendet werden um feste Speisen warm in Formen zu gießen, wie zum Beispiel Panna Cotta.

Pfeilwurzelstärke

Das Mehl aus der *Maranta arundinacea*, einer tropischen Nutzpflanze, ist eine sehr gute Lösung, um viele Aufgaben zu übernehmen, die sonst von glutenhaltigen Mehlen übernommen werden. Schon geringe Mengen der Pfeilwurzelstärke genügen, um Flüssigkeiten stark anzudicken.

Die Handhabung ist einfach: Das Pulver entfaltet seine Bindungskraft erst beim Erhitzen, zum Beispiel (kurzem!) Aufkochen und sollte danach nicht mehr stark gerührt oder erhitzt werden, weil sich die Stärkeverbindungen sonst unwiderruflich auflösen. Auf diese Weise können sehr einfach Soßen oder auch Pudding zubereitet werden.

Wichtig ist, die Stärke zunächst in ein paar Esslöffeln kalten Wassers zu lösen und dann ein wenig der heißen Flüssigkeit hinzuzugeben, da es sonst zu Klümpchenbildung kommt.

Wird das Mehl zu Teigen für zum Beispiel Pfannkuchen hinzugegeben, macht es das Produkt etwas flexibler und zarter.

Springformen

Ein kurzes Wort zu Springformen: Die Rezepte in diesem Buch sind unter Verwendung einer 16 cm Springform entstanden. Verbreiteter sind größere Springformen mit Durchmessern um 28 cm. In der Regel sind die Zutatenmengen für beide Größen angegeben. Für den Fall, dass Sie diese Berechnung einmal selbst vornehmen wollen, hilft Ihnen die Formel $r^2 * Pi$ bei der Berechnung der Kreisfläche: Eine Springform mit 16 cm Durchmesser hat einen Radius von 8cm, was in einer Grundfläche von rund 200 cm^2 resultiert. Bei einem Radius von 14 cm (Durchmesser 28 cm) ergeben sich rund 600 cm^2. Um einen Kuchen gleicher Höhe herzustellen, müssen die Mengen der Zutaten also einfach verdreifacht werden. Die Backzeit sollte sich zumindest bei den Rezepten in diesem Buch nicht signifikant ändern.

Der Grund für meine Verwendung der eher kleinen Springform ist einfach: Eine kleine Springform bedingt einen kleinen Kuchen, was wiederum kleinere Portionen bedeutet. Ich finde, Kuchen –wie auch alle anderen Desserts– sollten etwas besonderes bleiben und in kleinen Mengen genossen werden.

Kapitel 3: Rezepte

Geschmäcker sind verschieden. Das ist das Dilemma jedes Rezepts: Es wird sich immer jemand finden, der es nicht mag. Das soll sogar für Schokolade gelten.

Auch beim Schreiben eines Kochbuchs kann man es nicht jedem recht machen. Und als Autor kann ich voller Überzeugung nur die Rezepte veröffentlichen, die ich selbst mag. Doch selbst dann bleibt noch eine gewaltige Liste von Rezepten übrig, die unmöglich in ein einziges Buch passen.

Die Auswahl der folgenden Rezepte erfolgte daher nach den anfangs genannten Kriterien: Sie werden aus naturnahen, leicht erhältlichen und gesunden Zutaten hergestellt. Sie enthalten wenige Kohlenhydrate und sie lassen sich leicht zubereiten. Unter diesen Voraussetzungen habe ich mich bemüht, möglichst verschiedenartige Rezepte zu wählen, die Ihnen obendrein viel Freiraum zur Improvisation und Variation geben.

Einige weitere köstliche Dessert-Rezepte wie die Bisquitrolle, Schokoladencremetorte oder Panna Cotta finden Sie auch in „Das Urgeschmack-Kochbuch: Jeden Tag gesund und lecker“.

Waldbeer-Schmand-Torte

Die Säure der Waldfrüchte harmoniert in dieser Torte mit dem leicht süßen Boden und der cremigen Textur der Schmandschicht. Natürlich kommt die Torte auch ohne Schmand aus oder kann stattdessen mit einer Schicht Kokossahne versehen werden.

FÜR 1 TORTE (Ø 16-18 CM)

- 1 Tortenboden (siehe Seite 72)
- 400 g Waldbeerenmischung
- 125 g Schmand oder Kokossahne
- 1 Pckg. / 9 g Gelatine, gemahlen

FÜR 1 TORTE (Ø 26-28 CM)

- 1 Tortenboden (siehe Seite 72)
- 1200 g Waldbeerenmischung
- 375 g Schmand oder Kokossahne
- 3 Pckg. / 27 g Gelatine, gemahlen

Den zuvor gebackenen Tortenboden in eine passende Springform legen und den Rand schließen. Gelatine gemäß Packungsangabe einweichen.

Den Schmand gleichmäßig auf dem Tortenboden verteilen.

Die Waldbeerenmischung in einen Topf geben und teilweise pürieren, um die größeren Früchte zu zerkleinern. Den Topf erhitzen (Kochen ist nicht nötig) und wenn die Mischung heiß ist, die Gelatine nach und nach unterrühren. Anschließend die Beerenmischung rund 15 Minuten abkühlen lassen, dann vorsichtig löffelweise auf den mit Schmand bedeckten Tortenboden auftragen.

Anschließend die Torte an einen kühlen Ort stellen. Nach ein bis zwei Stunden sollte die Torte kühl genug für eine weitere Lagerung im Kühlschrank sein, damit die Fruchtmasse vollständig fest wird.

Wenn die Torte durchgekühlt ist, den Rand der Springform lösen und entfernen. Bei dauerhafter Lagerung in der Springform kann es sonst zu einer Reaktion der sauren Früchte mit dem Metall der Springform kommen.

Nusskuchen

Dies ist mit rund zwanzig Jahren ein relativ junges Familienrezept, das ursprünglich mit einer großen Menge Zucker zubereitet wurde. „Ein Pfund Zucker, ein Pfund Nüsse, zehn Eier" hieß es damals noch. Den Austausch des vielen Zuckers durch wenig Honig hat es recht gut überstanden und nach wie vor handelt es sich um ein sehr einfaches Rezept, das einen saftigen und lange haltbaren Kuchen ergibt. Wenn er nicht zuvor gegessen wird.

FÜR 1 KUCHEN (Ø 16-18 CM)
- 300 g gemahlene Haselnüsse
- 75 g Honig
- 5 Eier
- Optional: Schokolade als Überzug

FÜR 1 KUCHEN (Ø 26-28 CM)
- 900 g gemahlene Haselnüsse
- 225 g Honig
- 15 Eier
- Optional: Schokolade als Überzug

Den Ofen auf 180° C vorheizen.

Die Eier trennen und das Eigelb mit den Nüssen und dem Honig verrühren.

Das Eiweiß steif schlagen und vorsichtig unter die übrige Masse heben.

Den Teig in eine Springform füllen und 35 Minuten backen.

Optional: Nach dem Abkühlen die Schokolade schmelzen und über den Kuchen gießen.

Bananen-Schokoladenpudding

Süße und Konsistenz der Banane ergeben eine ausgezeichnete Basis für einen Pudding. Es ist beeindruckend, wie viele kreative Möglichkeiten Naturprodukte bieten. Neben Kakaopulver ist auch die Mischung mit Vanille, Zimt oder Nüssen eine interessante Alternative. Mit zugesetztem Kokosfett, Butter oder Avocado lässt sich dieser Pudding weiter verfeinern.

FÜR 2 PORTIONEN

2 Bananen
30 g Kakaopulver (ungesüßt)
Optional: 30 g Kokosfett, Butter oder Avocado

Die Bananen zerstampfen und mit dem Kakaopulver verrühren.

Optional Butter oder Kokosfett hinzugeben und glattrühren.

Bananen entwickeln ihren Geschmack erst bei voller Reife. Gerade bei Verwendung für Desserts lohnt es sich zu warten, bis die Schale dunkle Flecken bekommt. Unreife Bananen schmecken oft stumpf, sind kaum aromatisch und haben eine leicht schleimige Konsistenz. Bio-Bananen sind zwar kleiner, jedoch meist länger gereift und haben ein ausgewogeneres Aroma.

Bananenmuffins

Mit sehr wenig Arbeitseinsatz erreichen Sie hier ein köstliches Ergebnis. Die Bananen funktionieren hervorragend als aromatisches Süßungsmittel, drängen sich jedoch im fertigen Muffin geschmacklich nicht zu sehr in den Vordergrund. Eine aufgesetzte Kirsche bildet förmlich das i-Tüpfelchen. Es macht Spaß, mit so wenig Aufwand so viel zu erreichen. Das soll aber nicht heißen, dass ein arbeitsaufwändiges Rezept nicht auch Freude bereiten kann.

FÜR 9 MUFFINS

4 Eier
2 kleine Bananen (~200 g)
100 g Kokosraspeln
40 g gehackte Mandeln
30 g Butter
1 Prise Salz
½ TL Zimt
Optional: 9 Kirschen

Den Ofen auf 180° C vorheizen.

Die Banane zerdrücken und zusammen mit den Eiern schaumig rühren. Alle übrigen Zutaten hinzugeben und zu einem glatten Teig verrühren.

In Muffinformen gießen und gegebenenfalls je Muffin zwei Kirschen aufsetzen. Anschließend 18-20 Minuten bei 180° C backen.

Vanillepudding

Pfeilwurzelmehl verliert seine Bindungskraft, wenn es nach dem Andicken noch stark gerührt oder erhitzt wird. Das ist die einzige, kleine Herausforderung, die dieses Rezept mit sich bringt. Wem diese Speise gelingt, der hat demnach das wichtigste über das stärkehaltige Verdickungsmittel gelernt. Als Variation dieses Puddings empfehle ich die Zugabe von Zimt oder geraspelter Schokolade. Und natürlich lässt sich durch Einrühren von Kakaopulver auch ein Schokoladenpudding daraus machen.

FÜR 2 PORTIONEN

- 400 ml Milch oder Kokosmilch
- 2 Eigelb
- 10-20 g Honig
- ½ TL Vanilleextrakt
- 15 g Pfeilwurzelmehl
- Optional: Zimt, geraspelte Schokolade, Kakaopulver (ungesüßt)

Das Pfeilwurzelmehl in 100 ml der noch kühlen Milch einrühren und beiseite stellen.

Das Eigelb zusammen mit dem Vanilleextrakt und dem Honig in die übrige Milch einrühren, anschließend in einem Topf auf dem Herd unter Rühren erhitzen. Kurz bevor es kocht, die Hitze reduzieren und sofort die zuvor beiseite gestellte Milch mit dem Pfeilwurzelmehl einrühren. Nur kurz rühren, sonst löst sich die Bindung wieder, auch sollte der Pudding nun nicht mehr stark erhitzt werden.

Kurz abkühlen lassen und am besten noch warm servieren.

Schokotröpfchenplätzchen

Diese Plätzchen schmecken am besten frisch aus dem Ofen und so ein Blech ist zu zweit auch schnell weggeputzt. Die Konsistenz erinnert teils an Baiser und die verteilten Schokoladenstückchen genügen, um die Plätzchen ausreichend zu süßen. Ob fertige Zartbitter-Schokoladentropfen, die zerkleinerte Bitterschokolade oder eigens hergestellte Schokoladentrüffelchen (siehe Seite 58) für dieses Rezept verwendet werden, spielt eine untergeordnete Rolle.

FÜR ~20 PLÄTZCHEN

200 g gemahlene Haselnüsse
100 g Zartbitter-Schokotropfen
4 Eigelb
Abrieb einer Zitrone
Optional: 100 g Pistazien

Den Ofen auf 150° C vorheizen.

Die Eier trennen und das Eigelb mit den Nüssen, den Schokoladentropfen und dem Zitronenabrieb gut verrühren. Optional hier auch die Pistazien unterrühren.

Das Eiweiß steif schlagen und vorsichtig unter den übrigen Teig heben.

Ein Backblech mit Backpapier auslegen, darauf mit einem Esslöffel die Plätzchen portionieren.

Das Blech in den Ofen schieben und dort für 35-45 Minuten backen.

Schokolade mit besonders hohem Kakaogehalt kann im geschmolzenen Zustand ein wenig stumpf oder trocken schmecken. Bis rund 70% Kakaogehalt tritt dieser Effekt nicht auf. Für Desserts, die Schokolade im flüssigen Zustand enthalten und auch so verzehrt werden, sollten Sie dies bedenken.

Walnussplätzchen

Diese Plätzchen schmecken zugleich süß und leicht salzig, zwei Geschmäcker die hervorragend mit der Walnuss harmonieren. Die Zubereitung funktioniert mit einfachen Mitteln und in Rekordzeit. Wenn Sie sich ein festeres Backergebnis wünschen, rühren Sie einfach einige Esslöffel gemahlene Mandeln unter den Teig.

FÜR ~16 PLÄTZCHEN

400 g Walnusskerne
40 g Honig
80 g Butter
2 Prisen Salz
Optional: Gemahlene Mandeln

Den Backofen auf 180° C vorheizen und ein Stück Backpapier auf ein Backblech legen

Die Walnusskerne in 2-3 mm kleine Stücke brechen und in eine Schüssel geben.

Butter, Salz und den Honig hinzugeben und gut miteinander verkneten.

Aus dem Teig 7-8 Kugeln formen, diese plattdrücken und auf das Backblech legen.

Die Plätzchen für 10 Minuten bei 180° C backen.

Mousse au Chocolat

Zahlreiche Varianten dieses Rezepts hatte ich ausprobiert, bis ich mich auf die klassischen Grundlagen konzentriert habe: Zu einer Mousse au Chocolat gehört eigentlich nichts außer Eiern, Zucker, Schokolade und Sahne oder Butter. Zucker wird in diesem Rezept durch Honig ersetzt und an Stelle von Schokolade funktioniert ebenso gut Butter mit Kakao. Und wer auf die Butter verzichten möchte nimmt stattdessen Kokosfett.

FÜR 3-4 PORTIONEN

4 Eier
40 g Kakaopulver (ungesüßt)
40 g Butter oder Kokosfett
30 g Honig

Die Eier trennen und das Eigelb mit der Butter, dem Honig und dem Kakao über einem heißen Wasserbad verrühren, bis eine glatte, flüssige Masse entsteht. Nicht zu stark erhitzen, sonst stockt die Masse.

Das Eiweiß sehr steif schlagen und die Schokoladenmasse unterheben.

Frisch servieren, denn dieses Dessert fällt mit der Zeit wieder zusammen, da dem Eischnee langsam die Luft ausgeht.

Schokoladentrüffel

Trüffel werden in der Confiserie im Allgemeinen als kugelige Pralinen mit einer schnittfesten Füllung definiert. Das trifft genau auf diese Schokoladentrüffel zu: Es handelt sich um schnittfeste Kugeln in verschiedenen Ausführungen. Durch Abwandlung der Zutaten lassen sich mit diesem einen Rezept viele Varianten zum Beispiel auch ohne Kakaopulver zubereiten. Eine weitere Idee ist das Einarbeiten einer ganzen Haselnuss oder Mandel in die Mitte der Trüffel. Diese Kugeln können ohne Kokosraspeln auch als Schokoladenersatz für andere Rezepte in diesem Buch verwendet werden. Wie bei jeder anderen Süßigkeit gilt auch hier: Wer abnehmen möchte, sollte diese Trüffel eher selten und in Maßen genießen.

Butter, Kakaopulver, Honig und gegebenenfalls Kokosraspeln gleichmäßig miteinander verkneten.

Die Finger mit Wasser befeuchten, dann kleine Kugeln formen und diese ganz nach Geschmack in Kakaopulver oder Kokosraspeln wälzen.

Anschließend im Kühlschrank herunterkühlen bis sie sich ausreichend verfestigen.

FÜR 2 PORTIONEN

100 g Butter
70 g Kakaopulver (ungesüßt)
50 g Honig
Optional: Kokosraspeln

Avocado-Honig-Creme

Avocados reifen erst vollständig, nachdem sie gepflückt werden. Daher ist es nicht ungewöhnlich, diese fetthaltige Beere noch hart zu kaufen und dann einige Tage bei Zimmertemperatur reifen zu lassen. Die Avocado ist genussreif, wenn sie auf Druck nachgibt. Neben dem Klassiker Guacamole gibt es zahlreiche weitere Verwendungsmöglichkeiten, wie diese erfrischende Creme, in die sich auch prima Erdbeer-, Himbeer- oder Kiwistückchen einrühren lassen.

FÜR 2 PORTIONEN

2 Avocados
1 TL Honig
Optional: Obststückchen

Die Avocados der Länge nach durchschneiden und die beiden Hälften auseinander klappen. Mit einem Messer auf den Kern klopfen, so dass die Klinge im Kern stecken bleibt und durch leichte Seitwärtsdrehung den Kern herausdrehen.

Mit einem Löffel das Fruchtfleisch aus den Avocados kratzen und in einem kleinen Rührgefäß zerdrücken oder pürieren.

Den Honig unterrühren, gegebenenfalls Obststücke einrühren.

Um Avocados schneller zur Reife zu bringen, können Sie sie zusammen mit ein paar Äpfeln für ein bis zwei Tage in eine Papiertüte stecken oder in Zeitungspapier wickeln. Die Äpfel geben das Reifegas Ethylen ab, welches die Reifung auch anderer Obstsorten beschleunigt.

Pfannkuchen

Rezepte für Pfannkuchen gibt es unzählige. Dieses spezifische Rezept habe ich entwickelt, um einen ganz besonders saftigen und reichhaltigen Pfannkuchen in das Buch aufnehmen zu können. Dazu passt hervorragend eine kleine Portion Vanilleeis (siehe Seite 68).

FÜR 2 PORTIONEN

- 4 Eier
- 140 g gemahlene Haselnüsse
- 15 g Honig
- 40 g geschmolzene Butter

Die Eier schaumig schlagen.

Nach und nach die gemahlenen Haselnüsse, den Honig und die Butter unterrühren.

Eine Pfanne mit etwas Butter auf mittlere Hitze bringen und die Pfannkuchen darin Stück für Stück langsam ausbacken. Dabei sind kleinere Pfannkuchen (rund 12 cm Durchmesser) einfacher zu handhaben.

Eierkuchen mit gebratener Banane und Schokoladencreme

Durch Kombination einfacher Zutaten entstehen bei diesem Rezept köstliche Häppchen. Sie zeigen das Potential, das in einfachen Pfannkuchen steckt und machen Lust auf Experimente mit anderem Obst und Cremes, zum Beispiel Erdbeeren mit Sahne.

FÜR 2 PORTIONEN

TEIG:
4 Eier
25g Honig
120g gemahlene Haselnüsse oder Mandeln

SCHOKOLADENCREME:
15g Kakaopulver (ungesüßt)
15g Honig
30g Butter

OBSTAUFLAGE:
2 Bananen

Erst die Eier schaumig schlagen, dann den Honig unterrühren.

Anschließend die gemahlenen Nüsse nach und nach einrühren.

Für die Schokoladencreme die Butter schmelzen und zusammen mit dem Kakaopulver und dem Honig glatt rühren.

Die Bananen in Scheiben schneiden.

In einer Pfanne etwas Fett erhitzen, dann den Teig esslöffelweise für einzelne, kleine Pfannkuchen dazu geben. Nach rund zwei Minuten wenden. Die Bananenscheiben ebenfalls einzeln in die Pfanne legen und von beiden Seiten anbraten.

Anschließend die Pfannkuchen aus der Pfanne heben, die Bananenscheiben darauf anrichten und mit der Schokoladensoße garnieren.

Schokoladenpudding

Ein Schokoladenpudding darf nicht fehlen im Dessert-Repertoire. Je nachdem, ob Sie fertige Schokolade verwenden möchten oder nicht, führen hier mehrere Wege zum Ziel. Auch hier zeigt sich, wie einfach die Zubereitung sein kann und dass keinesfalls Tütenware nötig ist, um einen satten, schmackhaften Pudding herzustellen. Diese Variante wird im Wasserbad angerührt und erfordert ähnlich viel Geduld wie die Crème Brûlée (siehe Seite 74). Wenn es ganz schnell gehen soll, ist vielleicht der Bananen-Schokoladenpudding (siehe Seite 46) oder die Mousse au Chocolat (siehe Seite 56) das Richtige für Sie.

FÜR 2 PORTIONEN

100 g 70%-Schokolade (oder Trüffel, siehe Seite 58)
40 g Butter
4 Eier

Schokolade und Butter in ein Metallgefäß geben und dieses in einen Topf mit beinahe kochendem Wasser (Wasserbad) stellen. Gelegentlich rühren bis die Schokolade geschmolzen ist und eine glatte Masse entsteht.

Nun die Eier schaumig schlagen und dann zügig unter die Schokoladenmasse rühren. Stetig weiter rühren bis die Masse anfängt zu stocken, dann umgehend von der Hitze nehmen und noch eine halbe Minute weiter rühren.

Eiscreme

Einfacher lässt sich Eiscreme kaum herstellen. Dieses Rezept auf Basis gefrorener Bananen hat zwar einen leichten Bananengeschmack, doch durch Hinzufügen von Kakao, Vanille, Schokolade oder Früchten wie Himbeeren oder Erdbeeren lässt sich jeder beliebige Geschmack erreichen. Die Bananen liefern die nötige Bindung, das Volumen und die Süße.

FÜR 2 PORTIONEN

3 Bananen

Optional: Vanille, Zimt, Kakaopulver (ungesüßt), Früchte, Nüsse...

Die Bananen rund 3 Stunden ohne Schale in den Gefrierschrank legen. Wenn sie länger eingefroren werden und sehr hart sind, sollten sie rund 5-10 Minuten bei Zimmertemperatur aufgetaut werden. Das macht die Verarbeitung leichter.

Anschließend die Bananen in Scheiben schneiden und zerstampfen oder pürieren.

In diese bereits süße Eismasse können Sie nun Kakaopulver, Vanille oder Früchte wie Himbeeren, Erdbeerstückchen, Kiwis oder ähnliches einrühren. Durch zwei gehäufte Teelöffel Kakaopulver pro Banane erhalten Sie zum Beispiel ein kräftiges Schokoladeneis.

chocolate
Chocolate
Chocolate
Chocolate

Apfelmuffins / Apfelkuchen

Dieses Rezept ergibt sehr saftige Muffins, die durch die verschiedenen Gewürze einen sehr facettenreichen Geschmack bieten. Aus dem Teig lässt sich natürlich auch ein ganzer, zusammenhängender Kuchen backen (20-22 cm Springform).

FÜR 12 MUFFINS

- 140 g Kokosraspeln
- 80 g weiche Butter
- 4 Äpfel (Boskoop)
- 20 g Honig
- 6 Eier
- ½ TL Salz
- 2 TL Zimt
- ½ TL Muskat
- 1 TL gemahlene Nelken

Den Ofen auf 180° C vorheizen.

Einen Apfel reiben, den Saft herausdrücken und mit der Butter und dem Honig verrühren. Der Apfelsaft wird für dieses Rezept nicht benötigt. Den anderen Apfel in kleine Würfel schneiden und diese beiseite legen.

Die Eier und den Honig unter die geriebenen Äpfel rühren.

Die übrigen Zutaten mit Ausnahme der Apfelwürfel miteinander verrühren, dann unter die feuchten Zutaten rühren.

Den Teig in Muffinformen füllen, die Apfelwürfel darauf verteilen, mit Zimt bestreuen und für 30 Minuten bei 180° C backen.

Tortenboden / Kuchenbasis

Dieses Rezept eignet sich, um zwei Tortenböden herzustellen. Auch als einfacher Kuchen, der noch mit Trockenfrüchten oder ähnlichen Leckereien wie Nüssen oder Schokolade gespickt werden kann, funktioniert es sehr gut.

FÜR 1 KUCHEN / 2 BÖDEN

SPRINGFORM (Ø 16-18 CM)

200 g Kokosraspeln
5 Eier
30 g Honig

SPRINGFORM (Ø 26-28 CM)

600 g Kokosraspeln
15 Eier
90 g Honig

Den Ofen auf 180° C vorheizen, eine Springform einfetten und mit Kokosraspeln ausstreuen.

Eier trennen und das Eigelb mit den Kokosraspeln und dem Honig verrühren.

Das Eiweiß steif schlagen und vorsichtig unter die übrige Teigmischung heben.

Den Teig in die Springform geben, diese in den Ofen stellen und 30 Minuten bei 180° C backen.

Sollen zwei Tortenböden entstehen, nach dem Backen den Rand der Springform entfernen und den Kuchen 15 Minuten abkühlen lassen. Dann mit einem Messer den Kuchen vorsichtig rundherum horizontal einschneiden, so dass zwei Hälften entstehen.

Honig-Crème Brûlée

Streng genommen ist eine Crème Brûlée ohne Tafel- oder Puderzucker nicht möglich, denn nur der lässt sich so karamellisieren, dass der Name diese Speise wirklich gerechtfertigt ist. Doch zur Einordnung passt die Bezeichnung besser als jede andere. Dieses Rezept ist einfach umzusetzen, erfordert jedoch Geduld. Die Eiermasse fängt oft genau dann an zu stocken, wenn man gerade unaufmerksam wird, was zu unschönen Klumpen führt.

FÜR 2 PORTIONEN

4 Eier
30 g Honig

Die Eier und den Honig gut miteinander verquirlen und schaumig rühren.

Die Eiermasse in ein Metallgefäß geben und dieses in einen Topf mit beinahe kochendem Wasser (Wasserbad) stellen und stetig rühren. Hier ist Geduld geboten, es dauert mindestens rund fünf Minuten, bis die Masse eine cremige Konsistenz annimmt. Dann sollte die Schüssel aus dem Bad genommen, jedoch noch eine halbe Minute weiter gerührt werden.

Da in diesem Rezept kein Zucker verwendet wird, ist der Übergang von der flüssigen zur festen Konsistenz noch kürzer, entsprechend vorsichtig und frühzeitig muss die Hitze reduziert werden. Außerdem ist die übliche Karamellisierung der Oberfläche mit einem Brenner in diesem Fall nicht möglich.

Bananenpfannkuchen

Wenn eine frische Banane mal einfach zu langweilig sein sollte oder es ein warmes Dessert sein darf, ist vielleicht dieses Rezept genau das richtige. Die Dreingabe des Zimts zu den von Natur aus recht süßen Bananen verfeinert den Geschmack, denkbar sind jedoch auch gemahlene Nelken. Gerät der Teig zu dünn, rühren Sie einfach ein wenig gemahlene Mandeln oder Haselnüsse unter.

FÜR 2 KLEINE PORTIONEN

- 2 Bananen
- 2 Eier
- 1 TL Zimt
- Optional: Gemahlene Mandeln oder Haselnüsse

Die Bananen zerdrücken und zusammen mit den Eiern und dem Zimt zu einer glatten Masse rühren.

In einer Pfanne etwas Fett erhitzen und den Teig in vier Portionen hinzugeben. Die Pfannkuchen sollten nicht viel größer als 12-15 cm sein. Von beiden Seiten 2-3 Minuten ausbacken.

Die Teigfläche wird recht dünn sein. Wenn die Teigportionen zu groß sind, wird die Teigfläche unter Umständen so groß, dass der Pfannkuchen beim Wenden reißt. Sollten Sie dennoch große Pfannkuchen wünschen, hilft die Zugabe von gemahlenen Mandeln oder Haselnüssen. Dadurch wird der Teig dickflüssiger.

Heiße Trinkschokolade

Dieses Getränk ist sehr reichhaltig. Die Eier sorgen für eine angenehme Viskosität während das Fett aus der Sahne oder der Kokosmilch optimal mit dem Kakaopulver harmoniert und für ein seidiges Gefühl auf der Zunge sorgt. Auf diesem Wege bildet diese heiße Trinkschokolade beinahe schon eine vollwertige Mahlzeit. Sahne und Milch können hier beide durch Kokosmilch ersetzt werden. Schmeckt auch kalt.

Die Eier schaumig rühren.

Alle Zutaten gut miteinander verquirlen oder pürieren und anschließend unter stetigem Rühren erhitzen (nicht kochen).

Anschließend bei bevorzugter Temperatur genießen.

FÜR 2 PORTIONEN

250 ml Sahne oder Kokosmilch
250 ml Milch oder Kokosmilch
2 Eier
4 TL Kakaopulver (ungesüßt)
20 g Honig
1 Prise Salz

Eine Prise Salz hilft bei den meisten kakaohaltigen Speisen, die komplexen Kakaoaromen weiter in den Vordergrund zu bringen. Da bei diesem Rezept allein der Kakao im Mittelpunkt steht, lohnt es sich umso mehr, ein hochwertiges Produkt zu verwenden. Das Spiel mit verschiedenen Honigsorten ermöglicht bei der Trinkschokolade zudem unzählige Variationen.

Chocolate
Chocolate
Chocolate
Chocolate
chocolate
Chocolate

Waffeln

Kaum ein Küchengerät fristet ein so trauriges Dasein wie das durchschnittliche Waffeleisen. Ein mal gekauft, zwei mal benutzt und dann in den Schrank verbannt, dann vielleicht verschenkt oder gar weggeworfen, um dann doch wieder eines zu kaufen und ihm das gleiche Schicksal zu bescheren. Mit diesem Rezept geben Sie Ihrem Waffeleisen wieder eine Beschäftigung, und zwar ganz ohne Getreide. Es handelt sich dabei um eine solide Teigmischung, die so auch für Pfannkuchen verwendet werden könnte.

FÜR 6-8 WAFFELN

4 Eier
35 g Honig
120 g gemahlene Haselnüsse oder Mandeln

Die Eier schaumig rühren, dann mit dem Honig verquirlen.

Anschließend die gemahlenen Nüsse nach und nach unterrühren.

Das Waffeleisen vorheizen, dann etwas Butter oder Kokosfett darauf verteilen. Wenn das Fett geschmolzen ist, den Teig portionsweise aufgießen und das Waffeleisen schließen.

Die Backzeit dieser Waffeln ist etwas kürzer als die von solchen auf Weizenmehl-Basis.

Unter allen gemahlenen Nüssen haben Haselnüsse mitunter den kräftigsten Geschmack, wodurch sie das gesamte Geschmacksbild schnell dominieren. Bei der Kombination mit anderen Zutaten wie Obst sollte dies bedacht werden.

Rosinenkuchen / Früchtekuchen

In die Teigbasis dieses Kuchens lassen sich verschiedenste Trockenfrüchte einrühren, so zum Beispiel auch getrocknete Pflaumen oder gar Schokolade. Die gehackten Mandeln sorgen stets für eine knackige Textur und geben dem Kuchen noch mehr Biss. Je nach Feinheit der verwendete Kokosraspeln ähnelt dieses Rezept einem klassischen Rührkuchen.

Den Ofen auf 180° C vorheizen, eine Springform einfetten und bereitstellen.

Die Eier trennen und das Eigelb mit den Rosinen, Kokosraspeln, Mandeln und dem Honig verrühren. Bei Verwendung von Schokolade diese in kleine Stücke brechen und ebenfalls unterrühren.

Das Eiweiß steif schlagen und anschließend vorsichtig unter den übrigen Teig heben.

In die Springform füllen und 30-35 Minuten bei 180° C backen.

FÜR 1 KUCHEN (Ø 16-18 CM)

TEIG:
5 Eier
140 g Kokosraspeln
20 g Honig
60 g gehackte Mandeln

FRÜCHTE:
100 g Rosinen
ODER:
40 g Rosinen
75 g Bitterschokolade (70 %)

FÜR 1 KUCHEN (Ø 26-28 CM)

TEIG:
15 Eier
420 g Kokosraspeln
60 g Honig
180 g gehackte Mandeln

FRÜCHTE:
300 g Rosinen
ODER:
120 g Rosinen
225 g Bitterschokolade (70 %)

Schokoladen-Crunchies

Viele aus der Industrie bekannte Süßigkeiten lassen sich mit einfachen Mitteln auch gesund in der heimischen Küche zubereiten. Der Geschmack ist garantiert nicht der gleiche, doch das Konzept ist sehr nah dran. Und bei der handwerklichen Herstellung haben Sie volle Kontrolle über jede Zutat. Bei diesem Rezept entscheidet zum Beispiel der Kakaogehalt der Schokolade und natürlich die Art der verwendeten Nüsse maßgeblich über den Geschmack.

FÜR 2 PORTIONEN

- 75 g Schokolade
- 100 g gehackte Mandeln
- 30 g Rosinen
- 100 g Kokos-Chips
- Optional: Verschiedene Nüsse, gehackt oder ganz

Die Schokolade in kleine Stücke brechen, in ein Metall- oder Glasgefäß geben und dieses in ein heißes Wasserbad stellen. Gelegentlich umrühren, bis die Schokolade vollständig geschmolzen ist.

Nun die Nüsse und Rosinen hinzufügen und gut umrühren. Anschließend ein Stück Backpapier auslegen und die Masse Esslöffelweise darauf setzen und abkühlen lassen. Nach dem ersten Abkühlen in den Kühlschrank stellen, um weiter auszuhärten.

Biskuitteig

Biskuitteig kann als kleines Plätzchen, jedoch auch als große Fläche (zum Beispiel als Tortenboden) verwendet werden. Bei diesem Teig ist es besonders wichtig, die Zutaten vorsichtig unter den Eischnee zu heben, denn nur so wird möglichst viel Luft im Teig gebunden, um das gewünschte, leichte und luftige Backergebnis zu erreichen.

FÜR 2 PORTIONEN

4 Eier
40 g Honig
40 g Kokosmehl
3 EL Pfeilwurzelmehl
½ TL Vanilleextrakt
½ TL Backpulver

Den Ofen auf 200° C vorheizen.

Zunächst nur die trockenen Zutaten miteinander verrühren.

Die Eier trennen und das Eigelb mit dem Honig mixen.

Das Eiweiß steifschlagen, anschließend die übrigen Zutaten nach und nach vorsichtig unterheben.

Aus dem Teig kleine Kekse formen und 8 Minuten bei 200° C backen. Bei Verwendung als Tortenboden bleibt die Backzeit die gleiche.

Die Pfeilwurzelstärke wirkt in diesem Rezept stabilisierend und bindet zugleich mehr Luft als dies durch stärkefreie Mehle möglich wäre. Die geringe Menge reicht aus, um die feinen Lufttaschen zu bilden, die bei diesen Biskuits den großen Unterschied machen.

Zitronentorte

Dieses Rezept nutzt den vollen Geschmack der Zitrone, ohne jedoch zu sauer zu schmecken. Dabei entsteht eine erfrischende, saftige Torte, die auch an heißen Sommertagen zu gefallen weiß. So wie in diesem Rezept lassen sich Eier auch zu einer Mokka- oder Schokoladen-Creme verarbeiten.

Den Backofen auf 180° C vorheizen, eine Springform einfetten und mit Kokosraspeln ausstreuen.

Die Zutaten für den Boden gut miteinander verrühren, auf dem Boden der Springform verteilen und 10 Minuten bei 180° C backen.

Währenddessen die Zitronenschalen abreiben und den Saft auspressen. Die Butter schmelzen und alle Zutaten für die Füllung verrühren, bis eine homogene Masse entsteht.

Nach 10 Minuten die Springform aus dem Ofen nehmen, die Füllung auf den Boden gießen und wieder in den Ofen stellen. Weitere 20 Minuten backen, anschließend vollständig abkühlen lassen, dann einige Stunden im Kühlschrank durchkühlen.

FÜR 1 TORTE (Ø 16-18 CM)

FÜR DEN BODEN:

2 Eier
60 g Kokosraspeln
30 g Gemahlene Mandeln
10 g Honig

FÜR DIE FÜLLUNG

4 Eier
60 g Butter
30 g Honig
Saft und Schale von 1 ½ bis 2 Zitronen

FÜR 1 TORTE (Ø 26-28 CM)

FÜR DEN BODEN:

6 Eier
180 g Kokosraspeln
90 g Gemahlene Mandeln
30 g Honig

FÜR DIE FÜLLUNG

12 Eier
180 g Butter
90 g Honig
Saft und Schale von 4 bis 5 Zitronen

Schoko-Lava-Kuchen

Ein sehr beliebtes Rezept ist diese Kombination aus drei Leckereien. Denn je nach Länge der Backzeit bilden sich bei diesen kleinen Kuchen von außen nach innen drei Schichten aus Kuchen, Pudding und Trinkschokolade. Das Wasserbad ist unbedingt nötig, um die Backtemperatur zu regulieren.

FÜR 4 PORTIONEN

6 Eier
160 g geschmolzene Butter
12 TL Kakaopulver (ungesüßt)
50 g Honig
2 Prisen Salz
½ TL Vanilleextrakt

Den Backofen auf 180° C vorheizen.

Alle Zutaten zu einer glatten Masse verrühren, anschließend in kleine Tassen oder Auflaufförmchen gießen.

Ein ofentaugliches Gefäß (Metall oder Glas) in das die Tassen hinein passen mit kochendem Wasser füllen. Die Tassen hineinstellen, das Gefäß vorsichtig in den Ofen schieben und dort 15-25 Minuten backen. Je nach Länge der Backzeit werden die drei Schichten unterschiedlich dick.

Durch Verwendung des Wasserbades kann die Temperatur in den Backformen nie über 100° C steigen. Andernfalls würde das Eiweiß unter Umständen unangenehm trocken und ledrig. Das Wasserbad reguliert die Backtemperatur so, daß lediglich die Oberfläche des Kuchens direkt der heißen Ofenluft ausgesetzt ist.

Kirsch-Crumble

Der Crumble funktioniert grundsätzlich mit jeder Art Obst. Wem die Sauerkirschen alleine zu sauer sind empfehle ich, eine zerdrückte Banane unterzurühren. Auch die Kombination des Crumbles mit Schokoladenpudding ist vielversprechend. Eine weitere ausdrückliche Empfehlung möchte ich dafür aussprechen, Crumble und Kirschen getrennt zu backen, dann auf die Kirschen zunächst eine Schicht warmen Vanillepudding aufzutragen und erst dann die bereits gebackenen Streusel aufsetzen. Dieses Rezept beschreibt zunächst die einfachste Variante.

FÜR 2 PORTIONEN

300 g Sauerkirschen
30 g gemahlene Haselnüsse
30 g gehackte Mandeln
60 g Kokosraspeln
10 g Honig
35 g Butter
Optional: Vanillepudding (siehe Seite 50), Zimt

Den Ofen auf 160° C vorheizen.

Die Kirschen in zwei kleine Auflaufformen füllen, nach Geschmack mit etwas Zimt bestreuen.

Die übrigen Zutaten miteinander verkneten. Die dabei entstehende krümelige Masse über die Kirschen streuen.

Die Formen in den Backofen stellen und 15 Minuten bei 160° C backen.

Apfel-Streuselkuchen

Nach der Apfeltorte in „Das Urgeschmack-Kochbuch: Jeden Tag gesund und lecker" folgt hier eine Variante des Themas. Der Teig dieses Rezepts ist luftiger und durch Variation der Backzeit kann das Ergebnis bewusst klitschig, also im Zentrum leicht feucht gehalten werden. Sie werden bemerken, dass dieser Kuchen ganz ohne Backpulver aufgeht. Es sind hier die Eier, die als Treibmittel mitarbeiten und für ein luftiges Backergebnis sorgen. Für eine 26-28 cm Springform müssen Sie die Zutatenmengen verdreifachen.

Den Backofen auf 180° C vorheizen, eine Springform einfetten.

Die Äpfel entkernen und in 2-3 mm schmale Spalten schneiden. Diese in einer Pfanne mit etwas Butter bei mittlerer Hitze anbraten bis sie weich sind, jedoch nicht zerfallen. Mit Zimt würzen.

Alle Zutaten für den Teig in eine Rührschüssel geben und gut durchrühren. Es entsteht dabei ein eher flüssiger Teig. Diesen in die Springform gießen.

Die Äpfel in den Teig stecken.

Die Zutaten für die Streusel gut verkneten und über den Teig und die Äpfel streuen.

Den Kuchen nun 25-30 Minuten bei 180° C ausbacken.

FÜR 1 KUCHEN (Ø 16-18CM)

FÜR DEN TEIG

6 Eier
80 g Kokosraspeln
40 g gemahlene Mandeln
50 g geschmolzene Butter
25 g Honig
1-2 TL Zimt

FÜR DIE FÜLLUNG

2 kleine Äpfel (vorzugsweise Boskoop)
1 TL Zimt

FÜR DIE STREUSEL

15 g Kokosraspeln
10 g Butter
5 g Honig

Walnuss-Apfel-Kuchen

Der Teig auf Basis von Walnüssen eignet sich sowohl für Plätzchen als auch für einen knusprigen Kuchenboden. Ob nun belegt mit Obst oder bestrichen mit Schokoladenpudding: Die leicht herbe Note der Walnüsse ist eine willkommene Abwechslung zu den weit verbreiteten, sehr süßen Kuchen- und Tortenböden.

FÜR 1 KUCHEN (Ø 16-18 CM)

200 g Walnusskerne
20 g Honig
40 g Butter
1 Prise Salz
2 Äpfel (Boskoop)
Optional: Zimt

FÜR 1 KUCHEN (Ø 26-28 CM)

600 g Walnusskerne
60 g Honig
120 g Butter
3 Prisen Salz
6 Äpfel (Boskoop)
Optional: Zimt

Den Backofen auf 180° C vorheizen und eine Springform einfetten.

Die Walnusskerne in 2-3 mm kleine Stücke brechen und in eine Schüssel geben.

Butter, Honig und Salz hinzugeben und gut miteinander verkneten.

Den Teig auf dem Boden der Springform ausbreiten.

Nun die Äpfel entkernen und in schmale Spalten schneiden, diese auf dem Boden verteilen, nach Geschmack mit Zimt bestreuen.

Anschließend 10-15 Minuten bei 180° C backen.

Nussriegel

Für dieses Rezept können Sie all ihre geliebten Nusssorten verwenden. Es eignet sich auch, um die vielen angebrochenen Nusstüten, die sich im Schrank aufstauen, endlich einmal zu verbrauchen. Wichtig sind die gemahlenen Mandeln, denn sie füllen die Zwischenräume und sorgen für besseren Halt. Und einzelne Nussstücke sollten nicht zu groß sein. Vorsicht: Diese Riegel sind Kalorienbomben mit einem hohen Fettgehalt. Der Teig schmeckt auch ungebacken und bietet sich an für eine Kombination mit Vanillepudding oder Eis.

FÜR 4 PORTIONEN

- 120 g Butter
- 10 g Honig
- 4 Prisen Salz
- 40 g gemahlene Mandeln
- 400 g gehackte Cashewkerne, Mandelstifte, gehobelte Haselnüsse, Kokos-Chips, Kürbiskerne…

Den Backofen auf 160° C vorheizen

Alle Zutaten in einer Schüssel gut miteinander verkneten. Eine Backform der Größe 20 x 20 cm (oder Springform mit 22 cm Durchmesser) mit Backpapier auslegen. Wenn keine solche Backform zur Verfügung steht, benutzen Sie einfach ein normales Backblech und beschränken Sie die Fläche auf cirka 20 x 20 cm.

Den Teig gleichmäßig auf der Fläche verteilen und gut zusammendrücken, sodass möglichst wenige Luftblasen zurückbleiben oder Unebenheiten entstehen.

Die Nussriegel 30 Minuten bei 160° C backen.

Danach aus dem Ofen nehmen und abkühlen lassen, dann zum weiteren Durchkühlen und verfestigen in den Kühlschrank stellen. Anschließend in Streifen oder Würfel schneiden und genießen.

Käsekuchen

Als einziges Rezept in diesem Buch funktioniert der Käsekuchen wirklich nur mit Milchprodukten. Glücklich schätzen kann sich, wer einen handwerklich arbeitenden Käser oder vielleicht einen Ziegenhof in erreichbarer Nähe hat. Denn ein traditionell hergestellter Quark schmeckt völlig anders als die Ware, die im Supermarkt zur Verfügung steht. Er ist in der Regel trockener und eignet sich bestens für einen Käsekuchen

Den Quark in ein Durchseihtuch oder Küchentuch geben, auspressen und die überschüssige Flüssigkeit abtropfen lassen. Am besten 4-5 Stunden im Tuch hängen lassen, um möglichst viel Flüssigkeit herauszubekommen.

Die übrigen Zutaten gut miteinander verquirlen, dann den Quark hinzugeben und glattrühren.

Die Teigmasse in die Springform geben, anschließend den Kuchen 2 Stunden bei 120° C backen. Danach im halb geöffneten Ofen abkühlen lassen.

FÜR 1 KUCHEN (Ø 16-18 CM)

2 Eier
250 g Sahnequark
50 g Honig
¼ TL Vanilleextrakt
½ Zitrone

FÜR 1 KUCHEN (Ø 26-28 CM)

6 Eier
750 g Sahnequark
150 g Honig
½ TL Vanilleextrakt
1 Zitrone

Himbeertorte

Himbeeren lassen sich bis spät in den Oktober hinein ernten und behalten auch beim Einfrieren neben ihrem Geschmack recht gut ihre ganz eigene Konsistenz. In diesem Rezept sehen Sie, wie schnell sich eine Obsttorte zubereiten lässt und wie Sie verschiedene Obstsorten miteinander kombinieren können: Die optionale Bananenschicht in diesem Kuchen dient nicht etwa allein als Abgrenzung gegen den Teig. Sie ergänzt auch die Torte mit einem feinen, süßen Geschmack, der mit der Säure der Himbeeren harmoniert.

FÜR 1 TORTE (Ø 16-18 CM)

FÜR DEN BODEN
- 80 g Kokosraspeln
- 2 Eier
- 10 g Honig

FÜR DEN BELAG
- 400 g Himbeeren
- 4 g Gelatine
- Optional: Nüsse, 2 Kleine Bananen, 1 g Gelatine

FÜR 1 TORTE (Ø 26-28 CM)

FÜR DEN BODEN
- 240 g Kokosraspeln
- 6 Eier
- 30 g Honig

FÜR DEN BELAG
- 1200 g Himbeeren
- 12 g Gelatine
- Optional: Nüsse, 6 Kleine Bananen, 3 g Gelatine

Den Backofen auf 180° C vorheizen. Die Himbeeren auf Zimmertemperatur bringen und die Gelatine gemäß Verpackungsangabe in Wasser einweichen.

Die Zutaten für den Teig gut miteinander verrühren. Eine Springform einfetten, den Teig am Boden verteilen, andrücken und eine ebene Oberfläche formen. Dann 15-20 Minuten bei 180° C backen.

80 g der Himbeeren zu einem Brei rühren, dort die fertig gequollene Gelatine einrühren, dann die übrigen Himbeeren kurz unterrühren. Anschließend beiseite stellen. Die Bananen zu einem glatten Brei zerdrücken und glattrühren, auch hier die Gelatine einrühren.

Nach Ende der Backzeit den Kuchen aus dem Ofen nehmen, den Boden von der Springform lösen und kurz abkühlen lassen, jedoch wieder hineinlegen und den Rand schließen.

Nun zuerst die dünne Bananenschicht aufgießen und gleichmäßig verteilen. Anschließend die Himbeermasse vorsichtig löffelweise auftragen. Danach den Kuchen mit Form im Kühlschrank durchkühlen lassen, bis die Gelatine fest ist.

Frisches Obst

Das einfachste Dessert kommt direkt aus der Natur, muss nicht zubereitet werden, ist gesund und schmeckt köstlich. Frisches Obst direkt vom Feld gibt es in unseren Breitengraden in der Regel ab Mai mit Beginn der Erdbeersaison. Es folgen unter anderem Heidelbeeren, Kirschen, Zwetschgen, Äpfel und bis in den späten Oktober hinein Himbeeren. Ein gutes halbes Jahr können wir so das einfachste aller Desserts genießen.

Kurioserweise hat sich in vielen Haushalten durchgesetzt, beispielsweise Erdbeeren vor dem Verzehr zu zuckern. Eine gute Erdbeere hat diese Behandlung jedoch weder nötig, noch verdient. Der zusätzliche Zucker überdeckt die feinen Fruchtaromen und belastet unnötig den Stoffwechsel. Es ist gerade der Genuss des natürlichen Geschmacks, durch den die Zunge Neues entdeckt und kulinarische Erfahrungen sammelt.

Frisches Obst steht in diesem Buch als abschließendes Rezept um zu betonen, dass die einfachste Lösung oft die beste ist. Vor der Eleganz der Natur verneige ich mich. Sie hat uns viel zu bieten und kann uns eine Menge Arbeit abnehmen. Dabei müssen wir nicht immer an die großen Konzepte wie Windkraft oder Sonnenenergie denken. Der Griff zu frischem, saisonalem und regionalem Obst spart viel Arbeit in der Küche. Er kann uns die Zubereitung von Kuchen, Puddings und Plätzchen ersparen. Und diese Möglichkeit sollten wir nutzen, so oft sie sich bietet.

Kapitel 4: Weitere Informationen

Im Folgenden finden Sie eine Sammlung von Artikeln, die ich über die letzten Jahre im Internet auf **www.urgeschmack.de** veröffentlicht habe. Treue Leser werden sie bereits kennen, doch dieses Buch sollte auch für sich allein bestehen können und wäre ohne diese Ergänzung nicht vollständig. Es handelt sich um ausgewählte Informationen, mit denen die Hinweise im ersten Teil dieses Buches weiter erläutert und vertieft werden. Da die Quellenangaben in Form der im Internet üblichen Hyperlinks in einem Buch praktisch nutzlos sind, habe ich diese jeweils bis auf einen Kurzlink entfernt. Auf **www.urgeschmack.de** finden Sie zu jedem Artikel Quellen und weiterführende Informationen. Auch in „Das Urgeschmack-Kochbuch: Jeden Tag gesund und lecker" finden Sie im Anhang zahlreiche Quellen sowie Hinweise zu Studien und lesenswerten Bücher.

Was ist so schlimm an Getreide?

Getreide ist überall. Längst geht die Verwendung weit über den Lebensmittelbereich hinaus, Mais-Bestandteile finden sich sogar in Batterien wieder. Auf der ganzen Welt wird Getreide gegessen und die Pflanze ist ein wichtiger Rohstofflieferant geworden. Was kann daran so schlimm sein?

Wachstum…

Der Aufstieg des Getreides, einer Pflanze aus der Familie der Süßgräser, begann vor rund 10.000 Jahren. Ein wichtiger Termin für die Menschheit, markierte dieser Zeitpunkt doch den Beginn der Landwirtschaft und somit auch den Aufbau der ersten Zivilisationen. Erst durch die Landwirtschaft konnten Menschen sich niederlassen, Siedlungen gründen und Gesellschaften aufbauen. Die langfristige Lagerfähigkeit des Getreides stabilisierte die Versorgung mit Lebensmitteln und in der Folge erreichte das Bevölkerungswachstum neue Höhen. Das klingt alles gar nicht schlecht, oder?

…auf Kosten der Gesundheit

Begleitet wurde diese Revolution allerdings von einer deutlichen Verschlechterung der Zahngesundheit und des Körperwachstums. Getreide in diesen Mengen war ein neues Lebensmittel für den Menschen. Die Evolution hatte ihn darauf nicht vorbereitet, sein Verdauungssystem war entsprechend nicht daran angepasst. Getreide enthält mit reichlich Lektinen (u.a. Gluten) und Phytinsäure große Mengen Anti-Nährstoffe, die den Nutzen als Nahrungsmittel stark dämpfen.

Die in Getreide so hoch gelobten Vitamine und Mineralstoffe kommen in fast allen anderen Lebensmitteln – Obst, Gemüse, Nüsse, Fleisch – in wesentlich größeren Mengen vor. Und die wenigen enthaltenen Mineralstoffe werden durch die enthaltenen Phytate praktisch wertlos gemacht. Das erklärt auch viele der gesundheitlichen Probleme beim Verlass auf Getreide als einzigen Nährstofflieferanten.

Keine Besserung in Aussicht

Aber 10.000 Jahre sind eine lange Zeit, bestimmt hat der Mensch sich weiterentwickelt? Nein. So gut wie gar nicht. An seinem Verdauungssystem hat sich praktisch nichts verändert. Wir können davon ausgehen, dass eine leichte Selektion zugunsten getreidetoleranter Bevölkerungen stattgefunden hat. Doch spätestens durch die Entwicklung der Medizin (eine Errungenschaft der Zivilisation) können auch kranke und schwache Menschen ein langes Leben führen und sich fortpflanzen: der Selektionsdruck hat sich verringert. Mit anderen Worten: Die Anti-Nährstoffe im Getreide sind auch im Jahr 2012 noch problematisch für den Menschen.

Getreide macht fett

In unseren heutigen Zeiten des Überflusses spielt ein weiterer Aspekt des Getreides eine wichtige Rolle: Der hohe Kohlenhydratanteil. Rund 80 % des Getreides besteht aus Stärke und da Getreide praktisch allgegenwärtig ist, sei es Mais, Reis oder Weizen, konsumieren die meisten Menschen sehr große Mengen davon.

Wer sich durch modernere wissenschaftliche Literatur arbeitet, der weiß: Zu viele Kohlenhydrate machen dick. Nicht umsonst verwendet die Mastindustrie Getreide, um Rinder schnell zur Schlachtreife zu bringen. Und genau dieses Problem sehen wir auch bei Menschen in westlichen Nationen um sich greifen. Sicher gibt es noch andere Faktoren. Doch wer dem Getreide als Nahrungsmittel aus dem Weg geht, kann viele gesundheitliche Probleme und Beschwerden (und seien es nur Zipperlein) vermeiden.

Getreide ist nicht gleich Getreide

Natürlich ist jedes Getreide anders. Alte Sorten wie Einkorn und Emmer haben zum Beispiel in Bezug auf den Glutengehalt ein geringeres Schadpotential als moderner Weizen. Bei einigen Naturvölkern wird Getreide traditionell vor dem Verzehr eingeweicht und fermentiert um die Verträglichkeit zu erhöhen. Tatsächlich können dadurch Lektine und Phytinsäure weitgehend unschädlich gemacht werden. Doch es bleibt dabei: Getreide bietet neben vielen Kohlenhydraten in Form von Stärke nur wenige Mineralstoffe und Vitamine.

Fazit

Ein besseres Marketing als „Unser täglich Brot …“ kann sich das Getreide kaum wünschen. Es ist eine sehr erfolgreiche Pflanze, die den Menschen benutzt hat, um die Weltherrschaft zu erlangen.

Wie es dazu kommen konnte, dass der Mensch als erfolgreicher Jäger und Sammler die mühselige Arbeit der Landwirtschaft aufnahm um ein minderwertiges Lebensmittel zu erhalten, ist bis heute eine spannende Frage. Fest steht, dass Getreide alles andere als unproblematisch ist. Es hat das Potential, die Gesundheit des Menschen schwer zu beschädigen und bietet dafür kaum Nährwert. Sicher, Gluten hat einige bemerkenswerte Eigenschaften wenn es um die Verwendung als Backzutat geht. Doch ist es das Wert, dafür seine Gesundheit zu riskieren?

Quellen und weiterführende Informationen:

urgck.de/getreide

Was sind Anti-Nährstoffe?

Im Zusammenhang mit Lebensmitteln und Ernährung ist der Begriff Nährstoff völlig üblich. Doch Anti-Nährstoffe sind den wenigsten Menschen bekannt: Aktuell gibt es dazu nicht einmal einen Eintrag in der deutschen Wikipedia. Was ist das also?

Anti-Nährstoffe sind genau das, was der Begriff nahelegt: Stoffe, die den Menschen nicht nähren, sondern teilweise sogar andere Nährstoffe unbrauchbar machen. Diese antinutritiven Substanzen sind Pflanzenstoffe wie Phytinsäure, Saponine, Lektine oder auch Tannine. Eine erhöhte Aufnahme führt zu Vergiftungen oder eingeschränkter Nährstoffverfügbarkeit. Hier eine kurze Übersicht über einige verbreitete Anti-Nährstoffe:

- Bestimmte Lektine greifen die Darmwände an und dringen in den Blutkreislauf ein, führen auf diesem Wege zu vielfältigen Entzündungen.

- Phytinsäure bindet Mineralstoffe und blockiert Enzyme, verhindert so die Aufnahme von Nährstoffen während der Verdauung.
- Gluten ist ein spezielles Lektin, welches unter anderem Ursache für Symptome wie Durchfall, Erbrechen, Depressionen und Multiple Sklerose sowie Zöliakie ist.

Viele pflanzliche Lebensmittel enthalten Anti-Nährstoffe, die größten Mengen befinden sich in Samen wie Getreide und Hülsenfrüchten, weniger auch in Nüssen. Biologisch macht dies Sinn, denn es sind diese Früchte, die sich vor dem Verzehr durch Tiere schützen wollen. Ein Getreidekorn ist prinzipiell nichts anderes als ein Embryo und die Pflanze hat freilich großes Interesse daran, dass dieser unverletzt bleibt. Die Wissenschaft geht davon aus, dass Pflanzen im Zuge der Evolution diese Mechanismen entwickelt haben, um den Verzehr ihrer Nachkommen entweder unattraktiv zu machen oder sich möglichst gut für die Reise durch den Verdauungstrakt zu rüsten.

Einige Anti-Nährstoffe bringen auch positive Eigenschaften mit sich, so zum Beispiel die antioxidative Wirkung von Phytinsäure. Doch dies ist ein Nutzen, den viele andere pflanzliche Lebensmittel auch ganz ohne nachteiligen Effekt mit sich bringen.

Fazit

Der Mensch ist ein robustes und anpassungsfähiges Tier. Ein paar Anti-Nährstoffe in der Ernährung machen ihm kaum etwas aus. Doch es ist ratsam, die größten Quellen von Anti-Nährstoffen zu meiden, also besonders Getreide und Hülsenfrüchte und in Maßen auch Nüsse mit Bedacht zu konsumieren. Angemessene, sorgfältige Vorbereitung der Lebensmittel wie Einweichen, Ankeimen oder Fermentieren kann helfen, die Problematik etwas zu entschärfen.

Quellen und weiterführende Informationen:

urgck.de/anti

Lektine

Lektine sind in der Ernährung nahezu allgegenwärtige Stoffe, mit denen jeder Mensch regelmäßig zu tun hat, die der breiten Öffentlichkeit jedoch weitestgehend unbekannt sind. Trotz der großen Rolle, die sie in der Ernährung der meisten Menschen spielen, wird kaum über sie gesprochen.

Was sind Lektine?

Lektine sind Proteine, die in Pflanzen und Tieren in verschiedenen Mengen enthalten sind. Sie binden sich an spezifische Kohlenhydratstrukturen und erfüllen dort eine Reihe wichtiger Aufgaben, darunter die Abwehr natürlicher Feinde. Denn einige Lektine verursachen Probleme im Verdauungstrakt. Diejenigen Tiere, die sie in zu großen Mengen verzehren, so die Theorie, lernen daraus und verzichten in der Folge eher auf den Verzehr der entsprechenden Pflanzen. Lektine sind also eine Art natürliche Pestizide, sogenannte Anti-Nährstoffe, die Pflanzen benutzen, um sich gegen den Verzehr zu wehren.

Wie funktionieren sie?

Durch ihre Bindungsfreudigkeit binden sich einige Lektine auch an die Darmwände besonders des Dünndarms und beschädigen diese. Dadurch wird die Absorptionsfähigkeit für andere Nährstoffe beeinträchtigt, die dem Körper in der Folge nicht mehr zur Verfügung stehen. Lektine treten über diesen Weg auch in den Blutkreislauf und in weiter entfernte Organe ein. Auf diese Weise entstehen unter anderem einige Autoimmunkrankheiten (z.B. Multiple Sklerose).

Der Darm kann, einfach ausgedrückt, undicht werden, das sogenannte *Leaky-Gut-Syndrome* entsteht (zu deutsch: *Leckdarm-Syndrom*) und weitere Stoffe wie Nährstoffreste und Toxine treten in den Blutkreislauf ein. Die Lektine, die nun durch den gesamten Körper strömen, heften sich an weitere Organe und der Körper wehrt sich entsprechend dagegen. Er greift die Lektine an – und mit ihnen auch gesundes Gewebe und Organe. Ein Autoimmunproblem entsteht und äußert sich quer durch die Bank in Arthritis, Morbus Crohn, Fibromyalgie, Reizmagen oder auch Schilddrüsenproblemen. Unter den betroffenen Organen befindet sich auch die Bauchspeicheldrüse, die unter Umständen so stark zu leiden hat, dass sie ausfällt, was zu Diabetes Typ-1 führen kann.

Was kann man dagegen tun?

Ganz aus dem Weg gehen kann man Lektinen kaum. Da sie jedoch in den mit Abstand höchsten Konzentrationen in sämtlichen Getreidesorten und Hülsenfrüchten (besonders Soja) enthalten sind, macht es Sinn, auf diese gänzlich zu verzichten.

Natürlich enthalten auch alle Folgeprodukte aus diesen Pflanzen die Lektine, also die entsprechenden Öle, Mehle usw. Und auch die Milch von Kühen, die mit Getreide gefüttert werden, kann davon betroffen sein.

Durch Erhitzen werden Lektine zumindest teilweise unschädlich gemacht, weitere Techniken zum „Entschärfen“ sind das Fermentieren und das Einweichen. Wer auf

Brot absolut nicht verzichten mag, sollte zu Sauerteigbrot greifen. Haferflocken und Ähnliches sollten grundsätzlich lange eingeweicht werden, eine Technik, die auch für Bohnen anwendbar ist.

Wenn Sie bereits unter Verdauungsproblemen oder Autoimmunkrankheiten leiden, ist ein Verzicht auf Getreide und Hülsenfrüchte ratsam.

Quellen und weiterführende Informationen:
urgck.de/lektine

Gluten

Gluten ist ein Eiweißgemisch das eine große Rolle in der Ernährung der Menschheit spielt. Durch Gluten entsteht zum Beispiel die Elastizität des Teigs, die so wichtig für den Großteil konventioneller Backwaren ist: Beim Kneten eines Getreidemehl-Teiges entstehen lange Stränge, die stabil und flexibel zu gleich sind. So kann sich beim Backen Luft ausdehnen und Blasen bilden, die für luftiges, leichtes Gebäck sorgen. Durch Gluten entstehen allerdings auch eine Reihe von Krankheiten, Darmentzündungen und Allergien.

Gluten ist enthalten in den meisten Getreidesorten, allen voran Weizen, Dinkel und Roggen. Bei Vorliegen einer Glutenunverträglichkeit (sog. *Zöliakie*) führt der Verzehr glutenhaltiger Nahrungsmittel (praktisch alle Getreideprodukte) zu einer Entzündung der Darmschleimhaut. Die Wirkungsweise ähnelt der der anderen Lektine.

Die deutsche Wikipedia schreibt von Symptomen wie Gewichtsverlust, Durchfall, Erbrechen, Appetitlosigkeit, Müdigkeit, Depressionen und im Kindesalter nicht zuletzt eine Gedeihstörung.

Das sind allesamt keine schönen Dinge. Nun sind von Zöliakie im weltweiten Durchschnitt 1 von 130 bis 1 von 270 Menschen betroffen (die Angaben schwanken stark). Allerdings ist die Dunkelziffer recht hoch, nur ein Achtel der Betroffenen wird diagnostiziert. Die Problematik betrifft jedoch noch weitaus mehr Menschen, denn nicht immer äußert sich eine Glutenunverträglichkeit als Zöliakie.

Vielmehr ist jeder betroffen: Die Wirkungsweise (s.o.) ist immer die gleiche. Lediglich die unmittelbaren Auswirkungen unterscheiden sich in ihrer Ausprägung.

Und eben das ist der Grund, warum in der Steinzeiternährung Getreide gemieden wird. Denn die durch Gluten induzierten chronischen Entzündungen sind Ursache für einen Großteil der Zivilisationskrankheiten, darunter Arthritis, Morbus Crohn oder auch Krebs.

Phytinsäure

Anti-Nährstoffe nennt man diejenigen Substanzen in Nahrungsmitteln, die das Gegenteil von dem verursachen, was der Mensch durch die Ernährung erreichen möchte. Sie schaden ihm mehr, als sie nutzen.

Diese Stoffe werden von Pflanzen gebildet, um sich gegen den Verzehr zu schützen, sind also Pflanzenschutzmittel (genau genommen pflanzliche Pestizide). Gluten und Lektine sind solche Anti-Nährstoffe. Doch auch Phytinsäure (Phytat) wird oft dazu gezählt und sie ist in der menschlichen Ernährung weit verbreitet. Ist das gerechtfertigt?

Was ist Phytinsäure?

Phytinsäure dient Pflanzen als Speicher für Phosphat. Die höchsten Mengen finden sich in Getreide, Hülsenfrüchten aber auch Nüssen; darunter besonders in Paranüssen, Mandeln, Erbsen, Soja, Hafer und Mais.

Phytinsäure kann andere Mineralstoffe wie Calcium und Magnesium, besonders jedoch Eisen und Zink unlöslich binden. Diese stehen dem Körper dann nicht mehr zur Verfügung, können also nicht verdaut werden. Phytinsäure blockiert auch die Verdauungsenzyme Pepsin und Trypsin. Diese benötigt der Mensch zur Verdauung von Proteinen.

Soweit klingt das in der Tat eher negativ. Und soweit berichten die meisten Websites speziell zum Thema der Paläo-Diät (Steinzeiternährung). Doch es handelt sich dabei nur um die halbe Wahrheit.

Denn Phytinsäure hat antioxidative Wirkungen und schützt vor Krebs, besonders Darmkrebs. Und sie verzögert die Verdauung von Stärke, kann also eine regulierende Wirkung auf den Blutzuckerspiegel haben. Außerdem kann sie vor einem Eisen-Überschuss schützen.

Das Enzym Phytase neutralisiert Phytinsäure. Phytase steckt in unterschiedlichen Mengen auch in Pflanzen, in denen Phytinsäure enthalten ist. Um davon zu profitieren ist es nötig, Getreide, Nüsse und Hülsenfrüchte vor dem Verzehr einzuweichen. Auf diese Weise kann in einigen dieser Produkte ein Teil der Phytinsäure neutralisiert werden. Auch Wiederkäuer wie Rinder, Schafe und Ziegen verfügen in ihren Mägen über Phytase, um Phytinsäure unschädlich zu machen. Menschen verfügen von Natur aus nicht über ausreichende Mengen Phytase.

Ist Phytinsäure nun gut oder schlecht?

Tendenziell überwiegen die negativen Auswirkungen, zumal positive Aspekte wie antioxidative Wirkung auch von vielen anderen Stoffen geleistet werden. Eine isolierte Betrachtung nur der negativen Eigenschaften ist dennoch ebenso wenig zielführend wie die Konzentration auf die vorteilhaften Wirkungen. Bei einer ganzheitlichen Betrachtung ergeben sich einige interessante Schlüsse:

1. Wer seine Mineralstoffversorgung auf Getreide, Nüsse und Hülsenfrüchte basiert, wird damit nicht weit kommen und unter Umständen tatsächlich unter einem Mineralstoffmangel leiden. Dieser kann sich unter anderem auch negativ auf die Zähne auswirken. Dies ist besonders interessant für Vegetarier und Veganer, die oftmals viele ihrer Mikronährstoffe aus Getreideprodukten beziehen. Probiotische Lactobacillaceae als Nahrungsergänzungsmittel können in solchen Fällen als Phytaselieferant der Phytinsäure entgegen wirken und so einen Nährstoffmangel verhindern.
2. In einer ausgewogenen Ernährung mit mehr als ausreichender Nährstoffversorgung wird die negative Wirkung der Phytinsäure mit aller Wahrscheinlichkeit keine Rolle spielen.
3. Man kann gut auf die größten Phytinsäure-Quellen (Getreide, Hülsenfrüchte, Nüsse) verzichten. Phytat allein ist im Normalfall allerdings kein Grund, ein Lebensmittel zu meiden. Gluten und andere Lektine in Getreide dagegen schon eher.

Quellen und weiterführende Informationen:

urgck.de/phytin

Ist fermentiertes Getreide gesund?

Die enthaltenen Anti-Nährstoffe wie Gluten, Lektine und Phytinsäure sind gute Gründe, auf Getreide zu verzichten. Auch Menschen, die lieber weniger Kohlenhydrate essen, meiden oft die stärkehaltigen Körner und alles, was daraus hergestellt wird. Doch für alle diejenigen, die auf Getreide nicht verzichten wollen, gibt es Wege, die Verträglichkeit dieses Lebensmittels zu erhöhen und gesundheitlichen Schäden zumindest weitgehend entgegen zu wirken. Stephan Guyenet hat sich eingehend mit der Thematik befasst und in seinem Blog eine ganze Reihe von Artikeln zu diesem Thema geschrieben, die ich hier kurz zusammenfassen möchte.

Was ist das Problem?

Was ist so schlimm an Getreide? Die Kurzfassung: Phytinsäure blockiert die Aufnahme von Mineralstoffen, Lektine und Gluten greifen die Darmwände an und Enzyminhibitoren blockieren die Verdauung. Gründe genug, den Verzehr zu überdenken. Wässern, Ankeimen und Fermentieren sind die Techniken, mit denen noch heute viele Naturvölker ihre Getreide vor dem Verzehr bearbeiten. Laut Guyenet ist es genau dieses Vorgehen, das aus den potentiell toxischen Körnern ein nahrhaftes Lebensmittel machen kann.

Einweichen und Ankeimen

Durch Einweichen und anschließendes Kochen werden viele Toxine und Anti-Nährstoffe, darunter Tannine, Saponine, Enzyminhibitoren und Lektine abgebaut. Auch Phytinsäure kann durch diesen Prozess in einigen Fällen teilweise abgebaut werden. All dies vereinfacht die Verdauung und erhöht den Nährwert.

Guyenet empfiehlt eine Einweichzeit von 24 Stunden an einem warmen Ort. Dies bezieht sich auf alle Getreide und Hülsenfrüchte.

Darauf folgt das Ankeimen: Anschließend an das Einweichen werden die Körner ein bis zwei Tage lang täglich zwei Mal gespült und weiter eingeweicht. Dadurch erhöht sich die Verträglichkeit und der Vitamingehalt steigt. Viele der Mineralien werden trotzdem noch unzugänglich sein, weil noch immer Phytinsäure enthalten ist.

Mahlen und Fermentieren

Durch das Mahlen des angekeimten Getreides erhöht sich die Oberfläche um ein Vielfaches, wodurch Enzyme freigesetzt werden, die im Folgenden wichtige Arbeit leisten. Durch Milchsäure angekurbelt (ein Löffel Naturjoghurt kann Wunder wirken) erreicht Phytase seine höchste Aktivität beim Abbau der Phytinsäure und macht aus dem Korn so eine gute Mineralstoffquelle. Abhängig ist dies allerdings von der Art des Getreides, denn Mais, Reis, Hafer und Hirse enthalten nur wenig Phytase und müssen entsprechend länger fermentieren oder mit anderen Getreiden wie Weizen, Buchweizen oder Roggen gemischt werden, deren Phytasegehalt relativ hoch ist.

Während der Fermentation werden auch die Lektine teilweise unschädlich gemacht und das Aminosäurenprofil so verändert, dass die Wertigkeit des Getreide-Eiweiß die von Fleisch erreicht. Zugleich wird die Verdaulichkeit erhöht, so dass der Mensch tatsächlich auch etwas von diesen Nährstoffen hat.

Eine Form des Fermentierens ist in Europa als Sauerteigzubereitung bekannt. Keiner diese Prozesse hat nennenswerten Einfluss auf die Wirkung des Glutens auf den Verdauungstrakt.

Fazit

Die Verträglichkeit und der Nährwert von Getreide kann durch entsprechend geplante und sorgfältige Vorbereitung erhöht werden. Doch kaum ein industriell hergestelltes Produkt erfährt diese Behandlung. Es ist also heimische Handarbeit nötig, um die Lektine, Phytinsäure und Enzyminhibitoren unschädlich und die Körner damit genießbarer zu machen.

Jedoch bleibt es dabei, dass es sich bei Getreide um ein vergleichsweise minderwertiges Lebensmittel handelt. Auch wer absolut nicht auf Getreide verzichten möchte, sollte stets im Kopf behalten, dass diese Körner allenfalls eine gelegentliche Erweiterung des Speiseplans darstellen sollten.

Quellen und weiterführende Informationen:

urgck.de/fermentieren

Was ist so schlimm an Zucker?

„Zucker ist giftig!", schallt es aus allen Ecken des Internets. Viele Diätkonzepte, ganz vorne dabei auch die Paläo-Diät oder Steinzeiternährung, führen dies beinahe als Wahlspruch an vorderster Front an. Auch bei Urgeschmack ist der Zucker in seinen verschiedenen Formen in Rezepten in einer starken Minderheit. Aber warum?

Verschiedene Formen?

Unter Zucker verstehen die meisten Menschen zunächst jene weißen Kristalle, die auch Tafelzucker genannt werden. Der Stoff also, den man in den Kaffee rührt oder in den Kuchenteig kippt. Man kennt ihn auch als Haushaltszucker. Er ist ein Zweifachzucker, ein *Disaccharid* mit Namen *Saccharose* (auch *Sucrose*). Zusammengesetzt ist dieser Zucker aus zwei Einfachzuckern, also *Monosacchariden*, mit Namen *Fructose* und *Glucose* – und zwar zu gleichen Teilen.

Aber es gibt noch mehr Zucker. Honig wäre ein naheliegender Kandidat. Auch Honig enthält Fructose und Glucose, allerdings erstere anteilig in größerer Menge als Haushaltszucker.

Vielen Menschen ist allerdings nicht bekannt, dass auch Stärke ein Zucker ist. Stärke kommt beispielsweise in Getreide vor oder auch in Kartoffeln. Stärke ist ein *Polysaccharid*, ein Vielfachzucker, zusammengesetzt aus einzelnen Glucosemolekülen. In dieser Form schmeckt er nicht immer süß, doch es ist und bleibt ein Zucker. Wer schon einmal länger auf einer Kartoffel herumgekaut hat, wird festgestellt haben, dass diese irgendwann anfängt, süß zu schmecken. Das passiert, weil Enzyme im Mund die Vielfachzucker langsam in ihre Einzelteile zerlegen.

Tatsächlich bestehen alle Kohlenhydrate aus Zuckern. Einige wenige davon, wie Zellulose, können vom Menschen nicht verdaut werden.

Was ist denn nun so schlimm am Zucker?

Zucker wird vom menschlichen Verdauungssystem in unterschiedlichen Geschwindigkeiten absorbiert und als Blutzucker in den Körper getragen. Tafelzucker wird sehr schnell verdaut und sorgt für einen entsprechend schnellen und starken Anstieg des Blutzuckerspiegels. Genau dieser Pegel muss jedoch in engen Grenzen gehalten werden, denn ein zu hoher Blutzuckerspiegel wirkt auf den Menschen toxisch. Und auch das Gegenteil, eine Unterzuckerung, ist nicht erstrebenswert. Besonders das Gehirn, das auf Glucose angewiesen ist, würde unter einem frei schwingenden Blutzuckerspiegel leiden.

Und so hat die Evolution dem Menschen das *Insulin* mit auf den Weg gegeben. Das ist ein Hormon. Und dieses sogenannte Speicherhormon ist maßgeblich an der Regulierung des Blutzuckerspiegels beteiligt. Wenn der Blutzuckerspiegel steigt, wird von der Bauchspeicheldrüse in entsprechendem Maß Insulin ausgestoßen, um diesem Anstieg entgegen zu wirken. Und wie macht Insulin das? Durch Speicherung. Es sorgt für eine Einlagerung der Glucose. Und wo? Die Leber kann einen Teil speichern und auch die Muskeln nehmen diese Energiequelle gerne an. Alles weitere dient dem Aufbau eines Fettspeichers. Mit anderen Worten:

Zucker macht fett

Schuld daran ist das Insulin, das dies allerdings nur tut, um uns das Leben zu retten. Aber es macht noch mehr:

- Constantin beschreibt auf paleosophie.de zum Beispiel sehr schön die dreifache Blutdruck-Keule des Insulins: Zucker sorgt also auf dem Weg über das Insulin für einen erhöhten Blutdruck.
- Ein dauerhaft überhöhter Insulinspiegel kann zu Hyperinsulinismus und Insulinresistenz führen. Das Resultat ist eine verminderte Wirksamkeit des Insulins, was sich letztlich in Diabetes äußern kann. Und dies ist immer häufiger bei immer jüngeren Menschen der Fall.
- Zahlreiche weitere Zivilisationskrankheiten sind über die Wirkung des Insulins ebenfalls auf Zucker zurückzuführen. Darunter viele Entzündungskrankheiten, Rheuma, Herz-Gefäßerkrankungen sowie Fibromyalgie.

- Auch Alzheimer und Demenz stehen im Verdacht, mehr oder weniger direkt durch Insulin verursacht zu werden. Alzheimer wird gar derzeit gelegentlich als Diabetes-Typ-3 geführt.

All diese Effekte sind wissenschaftlich seit vielen Jahrzehnten eindeutig belegt: Kaum ein ernstzunehmender Mediziner bestreitet sie. Uneinigkeit herrscht jedoch über die Folgerung. Es mangelt an der Umsetzung der Konsequenz: Der Verzicht auf besonders zucker- und stärkehaltige Lebensmittel ist offensichtlich schwer durchzusetzen. Darüber, ob nun an erster Stelle die Medizin, die Medien oder die Lebensmittelindustrie dafür verantwortlich zu machen ist, darf spekuliert werden. Der Grund dafür kann jedoch auch in der missverständlichen Auswahl der Studien liegen. So gibt es immer wieder Untersuchungen die zeigen, dass isolierte Fructose offenbar eben nicht das gleiche ist, wie süßes Obst. Greift man nun die falschen Studien heraus und vergleicht, kommt es zu Verwirrung.

Ist Zucker giftig?

Dr. Robert Lustig suggeriert dies, ja. Damit, oder besser gesagt mit einem fulminanten Vortrag zu diesem Thema, machte er vor einigen Jahren auf sich und die Thematik aufmerksam. Und nach der rasanten Verbreitung dieses Vortrags im Internet haben zahlreiche Autoren in die gleiche Kerbe geschlagen. Streng genommen handelt es sich bei dieser Behauptung allerdings um eine leere Phrase, denn weder trifft sie Aussage über die Dosierung, noch über die konkrete Wirkung. Entgegnen kann man ihr jederzeit mit: Die Dosis macht das Gift. Selbst wenn ein Teelöffel Zucker alle Eigenschaften eines Toxins erfüllen würde, wäre diese Menge für einen gesunden Menschen effektiv nicht akut giftig. Das gilt für reine Glucose wie für reine Fructose gleichermaßen.

Völlig richtig ist jedoch, dass Zucker das Potential hat, toxisch zu wirken. Nämlich dann, wenn man ihn überdosiert. Das liegt an der enthaltenen Fructose und genau die ist es auch, auf die Dr. Lustig ganz konkret Bezug nimmt. Diese Differenzierung ist dringend nötig, darüber erfahren Sie ab Seite 120 mehr.

Ab wann die Toxizität des Zuckers beginnt, darüber herrscht im Detail Uneinigkeit, jedoch gibt es ansatzweise einen Konsens über bestimmte Richtwerte. Diese besagen derzeit, dass ab einem Verzehr von über 150 g Kohlenhydraten pro Tag eine nachteilige Wirkung für den menschlichen Organismus einsetzt. Individuell wird dieser grobe Richtwert mit Sicherheit abweichen, aber die Richtung dürfte stimmen. Mehr darüber erfahren Sie im folgenden Kapitel „Wie viel Kohlenhydrate soll ich essen?“

Fazit

Dieses Kapitel legt dar, welche Probleme Zucker verursachen kann. Hinzu kommt, dass der Verzehr von Kohlenhydraten nicht lebensnotwendig ist. Wir brauchen keinen Zucker in unserer Ernährung. „*Sugar drives insulin drives fat storage*" schrieb einst Gary Taubes. So drückt er öffentlichkeitswirksam aus, wie Zucker den Menschen fett macht. Da der Schlankheitswahn noch immer und gewiss noch für lange Zeit das öffentliche Gesundheitsbewusstsein dominiert, ist diese Phrase sicher eine gute Zusammenfassung der Thematik.

Dennoch halte ich es für einen Fehler, sämtliche Kohlenhydrate zu brandmarken und Zucker als Gift zu bezeichnen. Zu undifferenziert ist diese Betrachtung und zu groß die Grauzone zwischen sorgfältig eingesetztem Genussmittel und Ernährungsgrundlage. Die Behauptung, Zucker sei Gift, steht für sich genommen auf wackeligen Beinen und bietet völlig zurecht eine große argumentative Angriffsfläche all jenen, die ohne gesundheitliche Probleme einen großen Teil ihrer Energie genau daraus beziehen. Nur durch eine differenzierte Betrachtung kann eine nachhaltige, glaubwürdige Sensibilisierung der Verbraucher stattfinden.

Ein gemäßigter Konsum, ein bewusster Umgang mit Zucker und der Verzehr naturbelassener Lebensmittel hilft, im Alltag das richtige Maß zu finden.

Quellen und weiterführende Informationen:

urgck.de/zucker

Wie viel Kohlenhydrate soll ich essen?

Kohlenhydrate sind kein Problem – sofern man damit umzugehen weiß.

Kohlenhydrate sind in unserer Ernährung nahezu allgegenwärtig, das sehen wir auf jeder Nährwerttabelle. Sie sind einer der drei Makronährstoffe neben Fett und Eiweiß. Ihre Rolle scheint daher so signifikant, dass bis heute immer wieder verbreitet wird, Kohlenhydrate seien ein lebenswichtiger Bestandteil der Ernährung. Doch dies ist nicht der Fall.

Es gibt sogenannte essentielle Aminosäuren; das sind lebenswichtige Eiweiß-Bausteine, die der Mensch nicht selbst herstellen kann und daher über seine Nahrung aufnehmen muss. Und es gibt essentielle Fettsäuren, die er ebenfalls über die Nahrung aufnehmen muss.

Doch es gibt keine essentiellen Kohlenhydrate. Keine.

„*Aber das Gehirn braucht doch Zucker!*" ruft an dieser Stelle die Lebensmittelindustrie und möchte dem Verbraucher weiter Süßigkeiten verkaufen. Das ist jedoch falsch. Das Gehirn braucht keinen Zucker, sondern Glucose. Glucose ist in der Tat lebenswichtig für den Menschen. So wichtig, dass sein Körper sie selbst herstellen kann über einen Vorgang, den wir *Gluconeogenese* nennen. Fazit soweit: Der Mensch braucht keine Kohlenhydrate um zu überleben.

Aber warum sollte man auf Kohlenhydrate verzichten? Sie sind doch eine Energiequelle und Bestandteil gesunden Gemüses und leckeren Obsts. Das ist richtig, aber sie sind leider durch ihre Allgegenwärtigkeit zu einem Problem für den Menschen geworden. Um es vereinfacht auszudrücken: Kohlenhydrate werden zu Glucose, Glucose im Blut erhöht den Insulinspiegel und Insulin macht fett.

Diese vereinfachte Darstellung berücksichtigt noch nicht die vielen anderen Folgen eines dauerhaft erhöhten Insulinspiegels. Bluthochdruck, Koronare Herzkrankheiten, Diabetes, Alzheimer, sogar Demenz werden heute auf einen zu hohen Zucker- beziehungsweise Kohlenhydratkonsum zurückgeführt.

Was sind zu viel Kohlenhydrate?

Natürlich sollte an dieser Stelle keine Panik ausbrechen, denn wie immer im Leben wird auch dieser Bereich nicht nur in Schwarz oder Weiß gemalt. Wie der Körper auf Kohlenhydrate reagiert ist prinzipiell immer gleich, jedoch sind die Schwellen individuell verschieden. Es ist daher schwierig, genaue Werte zu definieren, die für jeden optimal sind. Allerdings ist es ratsam, sich eher auf der sicheren Seite zu irren.

Da Kohlenhydrate nicht lebenswichtig sind, macht es Sinn, davon lieber weniger als zu viel zu essen. Meine eigenen Erfahrungen decken sich weitgehend mit denen von Menschen wie Mark Sisson und die möchte ich hier mit Ihnen teilen. Die folgenden Angaben beziehen sich auf Gramm Kohlenhydrate pro Tag.

- 300 g und mehr: Der Weg zum Übergewicht (auch: Überlastung der Insulinrezeptoren und Risikofaktor für Zivilisationskrankheiten).
- 150 g – 300 g: Ein Rezept für langsame Gewichtszunahme (auch: langfristige Belastung der Insulinrezeptoren, verstärktes Auftreten der o.g. Krankheiten).
- 50 g – 150 g: Sicherer Bereich, unter 100 g/Tag müheloser Fettabbau. Die Rezepte auf **www.urgeschmack.de** sind alle auf diesen Bereich ausgelegt.
- 0 g – 50 g: Schnelle Fettverbrennung, hier geht es langsam in die Ketose über. Eine wesentliche Stoffwechselumstellung findet statt, dies ist nicht für jeden zu empfehlen. Besonders Diabetiker sollten sich eingehend mit der Materie befassen, können davon jedoch profitieren.

Die beschriebenen Effekte sind selbstredend nicht in Stein gemeißelt, stellen jedoch nach wissenschaftlichem Stand für den Großteil der Bevölkerung die Tendenz dar.

Ab diesem Punkt können Sie selbst in ein Verhältnis setzen, wie hoch Ihr Kohlenhydratverzehr liegt. Sieben mittelgroße Äpfel enthalten beispielsweise rund 140 g Zucker. Brot enthält rund 80 % Kohlenhydrate, eine typische Scheibe wiegt um 50-60 g, enthält also 40-50 g Kohlenhydrate. Und so weiter. Diese Verteilung macht deutlich, warum eine Ernährung wie die Steinzeiternährung auch in einer sehr gemäßigten Ausprägung, vom medizinischen Standpunkt aus durchaus sinnvoll ist.

Was soll ich denn sonst essen?

Natürlich muss ein Ersatz gefunden werden, wenn auf Kohlenhydrate verzichtet wird. Um im Reich der Makronährstoffe zu bleiben: Es bleiben noch immer Eiweiß und Fett. Beide haben übrigens den Vorteil, dass sie im Körper auch Sättigungssignale erzeugen. Fett ist obendrein ein wesentlich besserer Energieträger. Und da ein gemäßigter Verzehr von Kohlenhydraten für einen Großteil der Bevölkerung kein Problem darstellt, könnten an einem einzigen Tag problemlos all jene Mahlzeiten gegessen werden, wie sie beispielsweise in den Urgeschmack-Kochbüchern und auf der Urgeschmack-Internetseite beschrieben werden.

Fazit

Keine Panik! Kohlenhydrate haben das Potential, großen Schaden im Menschen anzurichten. Wer jedoch gemäßigt mit ihnen umgeht, kann damit in der Regel mühelos gesund leben. Menschen mit Erkrankungen können durchaus von einer Reduktion des Kohlenhydratkonsums profitieren. Tendenziell ist es sinnvoll, lieber etwas weniger Kohlenhydrate zu essen, als zu viel.

Quellen und weiterführende Informationen:

urgck.de/kohlenhydrate

Der Unterschied zwischen Glucose und Fructose

Dass Fructose das gleiche ist wie Fruchtzucker, das wissen die meisten Menschen. Es ist der Zucker, der das Obst süß macht. Daher hat er seinen Namen und weil Obst gemeinhin als gesund gilt, wird diese positive Eigenschaft auch der Fructose zugeschrieben. Grundsätzlich ist Fructose jedoch ein Zucker mit allen Nachteilen – und noch einem zusätzlichen Haken.

Ein etwas anderer Zucker

Wie wir wissen, ist Fructose genauso ein Einfachzucker wie Glucose. In Form von Sucrose, also Tafelzucker, begegnet er uns alltäglich. Denn Tafelzucker besteht zu gleichen Teilen aus Fructose und Glucose.

Der Zucker in vielen Obstsorten besteht allerdings aus doppelt so viel Fructose wie Glucose. Das heißt: Das, was Äpfel, Birnen und Melonen süß macht, ist zu rund 66% Fructose.

Ein wesentlicher Unterschied zwischen Fructose und Glucose ist die relative Süße: Fructose schmeckt 2,5 mal so süß wie Glucose. Gemessen an Tafelzucker (Sucrose) schmeckt Fructose immerhin bis zu 1,7 mal so süß. Lebensmittel und besonders Süßstoffe, die anteilig mehr Fructose als Glucose enthalten liefern daher mehr Süße bei weniger Kohlenhydraten. In der Regel wird bei Produkten wie Honig oder Agavennektar eine um 15-20% stärkere Süßkraft angegeben.

Mag Fructose auf der Zunge noch in etwa die gleiche Wirkung haben wie Glucose, sieht dies im Verdauungstrakt jedoch ganz anders aus. Glucose wird sehr gut verwertet und findet über das Blut im gesamten Körper (Gehirn, Muskelgewebe, Fettgewebe) dankbare Abnehmer. Maßgeblich daran beteiligt ist das Insulin, das den Blutzuckerspiegel kontrolliert.

Fructose wird hingegen vom Körper nicht besonders gut absorbiert. Sie gerät direkt in den Blutstrom und kann nach aktuellem Kenntnisstand nur zu 10% verwendet werden. Aber wohin mit dem Rest? Ab in die Leber damit, denn ihre Aufgabe wird im Volksmund nicht zu unrecht Entgiftung genannt. Das ist auch der Grund, warum Dr. Robert Lustig und viele seiner Anhänger Fructose als Gift bezeichnen. Wie wir schon im Kapitel „Was ist so schlimm an Zucker?" festgestellt haben, ist das eine Frage der Definition. Doch grundsätzlich stimmt es: Wer zu viel Fructose verzehrt, schadet seinem Körper nachhaltig. Dr. Lustig erklärt, dass Fructose im Prinzip genauso funktioniert wie Ethanol, also Alkohol – nur ohne den Rausch.

Die Fructose landet also beinahe vollständig direkt in der Leber und führt dort neben einer erhöhten Harnsäurebildung auf Dauer auch zu einer Fettleber. Richtig gelesen: Wer sich mit Fructose vollpumpt, kann eine Fettleber bekommen, ganz ohne Alkohol zu trinken. Ein Symptom unter dem immer mehr und immer jüngere Menschen leiden.

Ein weiterer kritischer Nebeneffekt ist, dass Fructose das Hormon *Leptin* hemmt. Leptin ist einer der wichtigsten Stoffe für die Regulierung des Sättigungsgefühls. Leptin teilt dem Gehirn mit, dass genug zu Essen da ist und in der Folge der Appetit gehemmt werden sollte. Fructose verhindert dies jedoch und dies erklärt auch dass Menschen, die viel Fructose konsumieren, insgesamt mehr essen.

Außerdem führt Fructose nicht zu einem Insulinausstoß. Insulin ist jedoch ebenfalls ein wichtiger Stoff zur Regulierung des Sättigungsgefühls.

Fructose belastet die Leber, macht Fett und stillt den Hunger nicht

Aber keine Angst: In diesem Kapitel ging es soweit um reine Fructose und die ist in der Natur kaum zu finden. Wer ganzes, frisches Obst isst, verzehrt dabei viele andere Stoffe, darunter auch Ballaststoffe, welche die Verdauung regulieren und die Problematik entschärfen. Isolierte Fructose ist daher nicht mit einem ganzen Apfel gleichzusetzen. Auf Fruchtsäfte sollte allerdings eher verzichtet werden, denn diese enthalten keine Ballaststoffe mehr und werden oft auch zusätzlich gezuckert.

Fructosequellen

Als Fructose-Glucose-Sirup kennen wir in Deutschland das, was der Amerikaner *High-Fructose Corn Syrup* (*HFCS*) nennt. Dieser Stoff wird aus Mais hergestellt und es handelt sich dabei um eine süße Mischung, die 55% Fructose und 42% Glucose enthält. HFCS ist aufgrund der subventionierten Maisproduktion sehr preiswert in der Herstellung und wird zur (vermeintlichen) Geschmacksoptimierung in einer Vielzahl von Produkten eingesetzt, in denen man dies nicht vermuten würde. Darunter Brot, Wurst, Fertiggerichte und ganz besonders Erfrischungsgetränke. Es sind diese Fertigprodukte, die am ehesten gemieden werden sollten.

Panik ist also nicht angebracht, frisches und vollständiges Obst in Maßen ist wirklich gesund. Äpfel gehören zu den zuckerhaltigsten unter den bei uns verbreiteten Obstsorten. Beeren wie Erdbeeren, Heidelbeeren oder Himbeeren enthalten wesentlich weniger Zucker und können in größeren Dosen genossen werden, ohne sich Gedanken um die enthaltene Fructose machen zu müssen.

Fazit

Über die Eigenschaften der Fructose sollten sich jeder Fan süßer Lebensmittel informieren: Dieser Zucker hat das Potential, krank zu machen. Aber: Auch Wasser kann in einer Überdosis giftig sein.

Wer sich hingegen ausgewogen und von natürlichen und unverarbeiteten Lebensmitteln ernährt, bekommt dabei in der Regel genügend Nähr- und Ballaststoffe, um rechtzeitig satt zu werden, bevor die enthaltene Fructose zu große Schäden anrichtet.

Quellen und weiterführende Informationen:

urgck.de/fructose

Ist Honig besser als Zucker?

Dass Zucker kein so gut geeignetes Grundnahrungsmittel ist, haben wir bereits festgestellt. Schaut man sich hingegen Honig als nächste, weit verbreitete Quelle für Süße an, findet man heraus: Honig besteht, genau wie Zucker, aus Glucose und Fructose. Warum sollte Honig also das bessere Süßungsmittel sein?

Warum ist Zucker überhaupt schlecht?

Ein übermäßiger Konsum von Kohlenhydraten kann zu schweren gesundheitlichen Problemen führen. Zucker, und damit ist Haushaltszucker (auch bekannt als Sucrose, Saccharose oder Tafelzucker) gemeint, besteht aus Kohlenhydraten. Und zwar aus solchen, die besonders leicht verdaulich sind. Im Kapitel „Was ist so schlimm an Zucker?“ erfahren Sie, wie Zucker Bluthochdruck, Übergewicht, Diabetes, Rheuma und einige andere Zivilisationskrankheiten verursachen kann.

Diese Nebenwirkungen des Zuckers sind es, die völlig zurecht zu seinem schlechten Ruf beitragen und auf die in diesem Kapitel Bezug genommen wird. In einer Welt voller versteckter Zucker ist es durchaus sinnvoll, seinen Kohlenhydratkonsum im Auge zu behalten.

Ist Honig anders als Zucker?

Zucker enthält Glucose und Fructose und nichts anderes. Honig enthält auch Glucose und Fructose, aber noch viel mehr: Mineralstoffe, Vitamine und Aminosäuren. Bevor wir dazu kommen, werfen wir jedoch noch einen kurzen Blick auf die enthaltenen Zucker:

In durchschnittlichem Honig ist etwas mehr Fructose als Glucose enthalten. Da Fructose viel süßer schmeckt als Glucose bedeutet das: 10 g Honig schmecken süßer als 10 g Zucker. Wer die gleiche Süße erreichen möchte, muss also weniger Honig verwenden und erspart sich so die Einnahme einiger Gramm Kohlenhydrate. Ebenfalls gilt für Honig, dass er den Blutzuckerspiegel langsamer erhöht als Zucker. Das Stichwort lautet hier *Glykämischer Index*, der entsprechende Wert für Honig weicht je nach Produkt ab, liegt in der Regel jedoch deutlich unter dem von Tafelzucker.

Honig schmeckt allerdings nicht nur süßer als Zucker, sondern auch nach mehr. Abhängig ist das Aroma des Honigs vornehmlich von den Pflanzen, deren Nektar die Bienen ernten. Jedoch hat auch Jahreszeit, sogar die Region Einfluss auf den Geschmack. Rapshonig aus Süddeutschland kann also anders zusammengesetzt sein und anders schmecken als Rapshonig aus Norddeutschland. Ein echtes Naturprodukt.

Honig und Gesundheit

Verglichen mit Glucose wirkt Honig sich weniger heftig auf den Blutzuckerspiegel aus. Auch die Blutfettwerte werden durch Honig positiv beeinflusst, ganz im Gegensatz zu herkömmlichem Zucker.

Neben den bereits genannten Vitaminen und Mineralstoffen enthält Honig auch Antioxidantien. Das sind jene chemische Verbindungen, die unter anderem auch Heidelbeeren und Erdbeeren ihren guten Ruf verleihen und als vorbeugend gegen Herz-Kreislauferkrankungen gelten.

Allergene sind im Honig ebenfalls enthalten. Jedoch in so geringen Mengen, dass es vermehrt erfolgreiche Studien zur Verwendung von Honig als Desensibilisierungsmittel gibt. Berichte, dass Honig gegen Heuschnupfen hilft, mehren sich und dies macht sowohl aus naturheilkundlicher als auch aus schulmedizinischer Sicht Sinn. Wirklich effektiv ist dieses Vorgehen allerdings nur dann, wenn roher Honig aus dem Wohngebiet des Betroffenen verwendet wird.

Die (noch unvollständige) Forschung impliziert: Je ärmer ein Honig an bioaktiven Wirkstoffen ist, desto mehr ähnelt seine Wirkung reinem Zucker. Das passt in das Muster, nach dem möglichst naturnahe, unverarbeitete Lebensmittel gesundheitlich vorteilhaft sind. Vorzuziehen ist daher roher Honig. Dunkle, trübe Honigsorten enthalten tendenziell mehr Wirkstoffe.

Roher Honig vs. Industriehonig

Der in Supermärkten angebotene Honig hat nur wenig mit dem Produkt zu tun, das der örtliche Imker anbietet. Industriell verarbeiteter Honig wird oft pasteurisiert, also hoch erhitzt, wobei einige der wertvollen Wirkstoffe zerstört werden. Viel schwerer wiegt jedoch, dass der Industriehonig meist eine Gemisch aus Honigen aus aller Welt ist. Da in einigen anderen Ländern (darunter auch große Honigexporteure) der Anbau gentechnisch manipulierter Pflanzen weniger oder gar nicht reguliert ist, kann dieser Honig gentechnisch verändertes Material enthalten.

Supermarkthonig repräsentiert also in der Regel genau das Gegenteil eines natürlichen, ökologisch nachhaltigen Produkts. Vorziehen sollten Sie lokal produzierten Honig von Imkern, die Sie persönlich kennenlernen können. Diese verkaufen in der Regel nur rohen, das heißt nicht erhitzten und lediglich geschleuderten und gefilterten Honig. Auf diese Weise kommen Sie auch in den Genuss einzigartiger lokaler und saisonaler Varianten. Obendrein helfen Sie so direkt den Bienen bei ihrer wichtigen Arbeit und stärken die regionale Wirtschaft. Honig vom Imker ist selten teurer als solcher aus dem Supermarkt.

Fazit

Honig enthält die gleichen Stoffe wie Zucker – und noch viel mehr. Ernährungsphysiologisch wirkt Honig sich anders aus als reiner Tafelzucker. Es wäre übertrieben zu schreiben, die beiden Produkte seien völlig verschieden, denn auch Honig kann bei übermäßigem Konsum gesundheitsschädigend wirken.

Dennoch ist Honig dem Haushaltszucker in allen Belangen überlegen und es spricht praktisch alles dafür, sowohl für den seltenen Genuss einer Süßigkeit, als auch für das Süßen im Alltag Honig statt Zucker zu verwenden.

Quellen und weiterführende Informationen:

urgck.de/honig

Milch: Pro und Kontra

Der Konsum von Milch und Milchprodukten ist im Rahmen naturbasierter Ernährungsformen wie auch der Steinzeiternährung oder Paläo-Diät sehr umstritten. Doch auch außerhalb dieser Kreise wird die Sinnhaftigkeit des Milchverzehrs immer wieder in Frage gestellt. Tatsächlich ist kaum ein Lebensmittel so umstritten wie Milch und die daraus gewonnenen Produkte. In diesem Kapitel stelle ich einige der vorherrschenden Argumente pro und kontra Milch vor.

Milch anderer Tiere wird dem aktuellen Wissenstand zufolge erst seit circa 9.000 bis 10.000 Jahren vom Menschen als Nahrungsmittel konsumiert. Erst die Domestizierung von Tieren habe den sicheren Zugang zu Milch ermöglicht, heißt es. Dies allein wird von einigen Anhängern der Steinzeiternährung als Argument dafür angeführt, Milch nicht zu konsumieren. Denn damals war die Steinzeit bereits vorbei. Wenn es jedoch um die Eignung von Milch als Nahrungsmittel geht, ist dies ein äußerst schwaches Argument, da es lediglich eine (angenommene) geschichtliche Tatsache ausdrückt.

Wenden wir uns den tatsächlich untersuchten Inhaltsstoffen der Milch zu, darunter besonders Lactose und Casein:

Lactose

Hierbei handelt es sich um den sogenannten Milchzucker. Lactoseintoleranten Menschen fehlt die Fähigkeit, Lactose korrekt zu verdauen. Tatsächlich trifft dies weltweit betrachtet auf den Großteil der Menschen zu. Lediglich in (Nord-)Europa ist Lactoseintoleranz weniger verbreitet. Wenn ein lactoseintoleranter Mensch Milch trinkt, kann es zu einem „unruhigen" Magen führen, zu Durchfall, Krämpfen oder einem aufgeblähten Bauch. Mit anderen Worten: Wer lactoseintolerant ist, trinkt besser keine Milch. Milchprodukte hingegen enthalten teilweise nur sehr wenig bis gar keine Lactose. So zum Beispiel Butter. Solche Produkte werden auch von Lactoseintoleranten Menschen teils gut vertragen.

Casein

Dies ist das vorherrschende Protein (Eiweiß) in Milch. Nach aktuellem Kenntnisstand ähnelt es in seiner Struktur dem Gluten und wird von einigen Forschern auch mit ähnlichen, darmzerstörenden Wirkungen in Verbindung gebracht. Ausführlich untersucht wurde dies allerdings noch nicht, die Erkenntnisse gelten also als nicht gesichert und es ist unklar, ob Casein wirklich die negativen Wirkungen hat. Fest steht jedoch, dass Casein auch in der menschlichen Milch enthalten ist. Für mich ist dies ein Grund, Casein zumindest nicht alleine für eine mögliche Nicht-Eignung von Milch für den menschlichen Verzehr verantwortlich zu machen. Jedoch ist eine Caseinintoleranz oder -Allergie natürlich Grund genug, solche Produkte zu meiden.

Weiter geht es in der Diskussion mit dem Vorwurf, Milch würde zahlreiche Krankheiten bis hin zu diversen Krebsarten verursachen.

Die Studienlage scheint so erdrückend, dass der Überblick schwerfällt. Auffällig ist jedoch, dass in fast allen Studien lediglich Milch aus Industrieproduktion, oft gar die bereits stark verarbeitete fettarme Milch herangezogen wird. Solche Milch hat jedoch mit dem naturgerechten Produkt „Rohmilch von der Weidekuh" beinahe nur noch die Farbe gemeinsam. Wie kommt es dazu?

Pasteurisierung

Jede Milch, die im Supermarkt landet, wird zuvor pasteurisiert, das heißt erhitzt. So sollen unerwünschte Keime abgetötet werden und dies passiert durchaus. Jedoch werden weiterhin auch zahlreiche nützliche Enzyme und Bakterien zerstört, die gerade das Wachstum unerwünschter Keime verhindern und teils auch bei der Verdauung von Milch helfen können. Viele der enthaltenen Vitamine, einigen Angaben zufolge rund zwei Drittel, gehen bei diesem Prozess ebenfalls verloren. Noch wesentlich schlimmer äußert sich dies jedoch bei ultrahocherhitzter Milch.

Homogenisierung

Normalerweise würde sich in einer Kanne frisch gemolkener Milch recht schnell die Sahne an der Oberfläche absetzen. Um dies zu verhindern wird Milch homogenisiert. Aber nur, weil der Konsument dazu erzogen wurde, dass jede Unregelmäßigkeit im Nahrungsmittel etwas Schlechtes sei.

Bei diesem Prozess wird der Fettanteil der Milch in möglichst kleine Partikel aufgebrochen, wodurch sich das Fett gleichmäßig in der Milch verteilt. Es gibt Forscher, die behaupten, dass durch diese Entstehung kleinster Partikel einige schadhafte Auswirkungen der Milch zustande kommen, da diese kleinen Partikel die Darmwände durchdringen können.

Ob nun Rohmilch oder erhitzte Milch verwendet wird, hat maßgeblichen Einfluss auch auf die daraus entstehenden Produkte. So wird Rohmilchkäse von vielen Menschen als wesentlich geschmackreicher bezeichnet. Halten wir also fest, dass Rohmilch von Weidekühen etwas völlig anderes ist, als Milch aus dem Supermarktregal.

Weidekühe?

Natürlich hat die reine Weidehaltung von Rindern abgesehen von ihrem Wohlbefinden nicht nur Einfluss auf ihr Fleisch, sondern auch auf die von ihnen erzeugte Milch. Rohmilch von Weidekühen enthält größere Mengen *konjugierter Linolsäuren* (engl. *conjugated linoleic acids*, kurz *CLA*). Dies ist eine Gruppe von Fettsäuren, die unter anderem beim Muskelaufbau hilft und den Abbau von Körperfett beschleunigt. Im Fleisch rein grasgefütterter Tiere ist die Menge der konjugierten Linolsäuren doppelt so hoch wie im Fleisch von Tieren, die mit Getreide gefüttert wurden, für die Milch gilt ähnliches. Auch der Anteil an Omega-3-Fettsäuren ist in der Milch von Weidekühen erheblich höher als bei den Tieren aus Stallhaltung.

Wachstum, Gewichtszunahme und Insulin

Milch stimuliert den Ausstoß von Insulin. Und zwar stark. Insulin als Speicherhormon sorgt für Wachstum. Das kann das Wachstum der Fettspeicher wie auch anderer Energiespeicher sein. Es ist noch umstritten, welcher Bestandteil der Milch dafür verantwortlich ist. Der Milchzucker allein kann es jedenfalls nicht sein und es ist wahrscheinlich, dass unter anderem das Molkeprotein einen großen Anteil an dieser Funktionsweise hat.

Das macht auch Sinn: Milch ist dazu da, kleine Säugetiere groß zu machen. Viele Kraftsportler wissen zum Beispiel, dass sie durch den Konsum von Milchprodukten sehr schnell Masse zulegen können. Andersherum gilt jedoch auch: Wer Probleme beim Abnehmen hat, könnte die Ursache dafür in Milchprodukten finden. Und besonders Diabetiker und generell Menschen, die Probleme mit dem Blutzuckerspiegel haben, sollten an diese insulinotrope Wirkung der Milch denken.

Ziegenmilch verträglicher?

Ziegenmilch ist fetter als Kuhmilch und ähnelt in der Zusammensetzung eher der menschlichen Milch. Grundsätzlich gilt für diese Milch zwar das gleiche wir für Kuhmilch. Jedoch gibt es zahlreiche Fälle, in denen Menschen, die keine Kuhmilch vertragen, prima mit Ziegenmilch klarkommen. Gewiss gibt es noch andere Milchsorten, doch ist beispielsweise Schafsmilch nur extrem selten zu bekommen, ganz zu schweigen von der sehr fetten Rentiermilch.

Fakten: Milch ist nicht gleich Milch

Fassen wir die Fakten zusammen: Es ist offensichtlich, dass Rohmilch völlig andere Eigenschaften hat als das industriell verarbeitete Produkt. Milch ist als Nahrungsmittel zurecht umstritten. Allerdings sind Aussagen wie „Milchkonsum erhöht das Krebsrisiko um 30 %" völlig wertlos. Denn erstens fehlt die Definition von „Milchkonsum" (Ein Tropfen im Leben? Eine Tasse? Ein Liter am Tag?) und zweitens ist Milch nun wirklich nicht gleich Milch.

Und genau das wird auch die Ursache für den Zwiespalt sein: In den meisten Studien wird stark verarbeitete Milch, teilweise H-Milch oder fettarme Milch verwendet. Wird dort eine schädliche Wirkung nachgewiesen, lautet das Ergebnis jedoch meist auf „Milch ist schädlich" und nicht „die von uns untersuchte Milch ist schädlich". Es gibt zahlreiche Hinweise darauf, dass gerade die Enzyme und Bakterien, die bei der Pasteurisierung zerstört werden, der karzinogenen, das heißt krebsfördernden Wirkung der Milch entgegen wirken.

Fazit

Für mich persönlich gilt: Anders als früher, wo ich durchaus zwei Liter und mehr Milch am Tag konsumiert habe, trinke ich heute nur noch sehr wenig Milch. Und wenn, dann aus möglichst optimaler Produktion, das heißt aus reiner Weidehaltung. Für Milchprodukte wie Käse gilt das gleiche. Ich verwende jedoch täglich Weidebutter und gebe meinem Essen gerne auch einen Klecks Schmand hinzu, denn es ist dem Geschmack sehr zuträglich. So hält sich meine Aufnahme von Milcheiweiß in eher engen Grenzen. Ich denke, diese Art der Mäßigung ist ein guter Kompromiss aus Genuss und etwaigen gesundheitlichen Risiken (die, wie erwähnt, nicht als gesichert gelten).

Denn machen wir uns nichts vor: Milch ist ein einmaliges Lebensmittel, um das sich eine faszinierende Kultur und Handwerkskunst gebildet hat. Unzählige kultivierte

Käsesorten ermöglichen sehr vielfältigen Genuss und sind ebenso einzigartig wie einfach nur ein kühles Glas frischer Milch. Der Mensch kommt sicher ohne aus, doch Milchprodukte stellen eine immense kulinarische Bereicherung dar.

Auf jeden Fall sollte jedoch meiner Meinung nach jeder einmal für einen Zeitraum von mindestens 4-6 Wochen absolut keine Milch und Milchprodukte konsumieren um zu prüfen, ob sich dadurch gesundheitliche Verbesserungen ergeben. Diese können praktisch den gesamten Organismus betreffen und von Darmbeschwerden bis hin zu Akne reichen.

Jeder muss seine eigenen Entscheidungen treffen. Mit diesem Kapitel und den folgenden Links zu weiterführender Literatur hoffe ich, ein wenig Aufklärung zu betreiben. Mark Sisson hat ein paar schöne Zusammenfassungen zu diesem Thema geschrieben. Chris Masterjohn rückte dem Thema auf seine ihm eigene Weise auf den Leib. Auch die Weston A. Price Foundation hat ihren Beitrag geleistet. All diese Beiträge sollten jedoch mit äußerster Vorsicht genossen werden, denn oftmals verrennen sich die Forscher auch in ihren Argumentationen und unterliegen ihrer Voreingenommenheit.

Quellen und weiterführende Informationen:
urgck.de/milch

Milch: A1 oder A2?

Kaum ein Erlebnis kommt dem Gefühl gleich, ein Glas frischer, kühler Milch zu trinken. Zugleich ist kaum ein Lebensmittel so umstritten wie die Milch. Wie komplex das Thema ist, beleuchtet das Kapitel “Milch: Pro und Kontra“. Eine wichtige Schlussfolgerung daraus: Milch ist nicht gleich Milch. Es gibt abhängig von der Art der Milch fundierte Hinweise auf einen Zusammenhang zwischen Milchkonsum und koronarer Herzkrankheit sowie Diabetes Typ-1. Grund genug, sich das Thema noch einmal genau anzuschauen. Inwiefern ist Milch nicht gleich Milch?

Wir wissen, dass pasteurisierte und homogenisierte Milch etwas völlig anderes ist als Rohmilch. Und fettarme oder gar H-Milch hat mit dem ursprünglichen Produkt höchstens noch die Farbe gemeinsam. Doch darüber hinaus kann Milch auch in zwei Gruppen eingeordnet werden: A1 und A2.

Was ist A1- bzw A2-Milch?

Um diesen Unterschied genauer verstehen zu können, müssen wir in die Zusammensetzung der Milch eintauchen. Milch enthält neben einer Menge Wasser und Fett auch Proteine. Bei diesen Proteinen handelt es sich größtenteils um Casein. Es gibt verschiedene Casein-Sorten, darunter auch Beta-Casein, welches seinerseits aus 209 Aminosäuren zusammengesetzt ist. Der Unterschied zwischen A1- und A2-Milch liegt allein an Position 67 dieser Kette von Aminosäuren. Bei A2-Beta-Casein sitzt an dieser Stelle die Aminosäure Prolin, während die A1-Milch hier Histidin enthält.

Die Folge dieses feinen Unterschieds: A1-Milch und A2-Milch verhalten sich bei der Verdauung unterschiedlich. Anders als die A2-Milch wird in der A1-Milch die Kette der Aminosäuren aufgespalten, so dass das Opiat *Beta-Casomorphin-7* (BCM7) entsteht. Soweit die nach derzeitigem Stand der Wissenschaft gesicherten Fakten.

BCM7 hat eine Reihe von Einflüssen auf den Menschen. Zunächst wirkt es potentiell auf die Opioidrezeptoren des Verdauungstraktes und des neurologischen wie auch des Immunsystems. Es kann die Verdauung verlangsamen und Verstopfung verursachen. Weiterhin wurden negative Auswirkungen auf die Entwicklung von Neugeborenen und Kleinkindern nachgewiesen und bei einigen Kindern hat sich BCM7 als Risikofaktor für Apnoes (Atemstillstand) herausgestellt. Weiterhin gibt es überzeugende epidemiologische Hinweise auf einen Zusammenhang zwischen BCM7 und dem Auftreten koronarer Herzerkrankungen und Diabetes Typ-1.

Freisetzung von BCM7 aus A1-Beta-Kasein

Die meisten dieser Ergebnisse gelten derzeit allerdings als noch nicht ausreichend gesichert und weitere Untersuchungen sind nötig. Die Hinweise verdichten sich allerdings zusehends, dass BCM7 wirklich die genannten Auswirkungen hat. Bis auf weiteres schadet es also nicht, auf Nummer sicher zu gehen und A1-Milch zu meiden.

Wie kann ich zwischen A1- und A2-Milch unterscheiden?

Der Großteil der europäischen und amerikanischen Rinderrassen gehört der Subspezies *Bos primigenius taurus* an. Diese Tiere produzieren weitestgehend A1-Milch. Ausnahmen bilden die Rassen Jersey, welche teils A1- und teils A2-Milch produziert, sowie die Rasse Guernsey, welche vornehmlich A2-Milch liefert. Handelsübliche Milch stammt in der Regel von Rassen wie Holstein, welche überwiegend A1-Milch produziert.

Wer seinen Konsum auf A2-Milch beschränken möchte, sollte daher gezielt Landwirte aufsuchen, die Guernsey-Rinder zur Milchproduktion halten. Doch es gibt noch weitere Quellen:

Die Subspezies *Bos primigenius indicus* ist ein auf dem indischen Subkontinent domestiziertes Hausrind, das auch in Afrika verbreitet ist. Die Tiere dieser Unterart geben überwiegend A2-Milch, sind aber in unseren Breitengraden nur minimal verbreitet. Wesentlich mehr Erfolg verspricht daher die Suche nach Ziegen, Schafen, Yaks oder Büffeln – denn auch diese Tiere geben vornehmlich A2-Milch.

In diesem Zusammenhang werden auch oft die Massai genannt, die sehr viel Milch konsumieren und unter den genannten Problemen nicht leiden. Auch sie halten A2-Rinder.

Ursprünglich gaben alle Rinder A2-Milch. Durch eine Mutation hat sich in den europäischen Rassen mit der Zeit jedoch das A1-Beta-Casein verbreitet. Es gibt noch weitere Mutationen des Beta-Caseins, nämlich A3, B, C, D, E… Im Zusammenhang mit den oben genannten Problemen spielt dies jedoch eine untergeordnete Rolle.

Pasteurisierung hat übrigens einen eher nachteiligen Effekt auf A1-Milch, denn sie sorgt tendenziell für eine noch einfachere Bildung von BCM7.

Warum ist das nicht weithin bekannt?

Dieser Themenkomplex wird noch nicht besonders lange erforscht: Erst in den letzten 10-15 Jahren wurden die Forschungen intensiviert. Zwar zeichnet sich der genannte Trend ab (d.h. A1-Milch scheint wirklich eher nachteilig für die menschliche Gesundheit zu sein), doch es ist noch einiges an Forschungsarbeit nötig, um wirklich eindeutige Aussagen treffen zu können.

Natürlich hat die Milchindustrie kein großes Interesse daran, dass der Milchkonsum sinkt. Eine Umstellung der Herden wäre scheinbar mit großen Kosten verbunden. Doch in Neuseeland, einem wichtigen Forschungsstandort in diesem Bereich, sind die Landwirte bereits dazu übergegangen, ihre Milchviehherden vollständig auf A2 umzustellen. Innerhalb von 10 Jahren werden sie ausschließlich A2-Milch produzieren – mit geringem Aufwand, wie sich zeigt.

Fazit

Vorsicht kann nicht schaden. Solange die Situation nicht eindeutig geklärt ist, ist der Verzicht auf A1-Milch auch für Menschen ohne bereits bestehende Darmprobleme (z.B. Leckdarm/Sickerdarm) ratsam. Auch bei der Ernährung von Kindern sollte genau auf die verwendete Milch geachtet werden.

Es scheint durchaus plausibel, dass die im Kapitel „Milch: Pro und Kontra“ genannten Probleme der Milch vollständig auf BCM7 zurückzuführen sind. Das würde bedeuten, dass A2-Milch, beispielsweise Ziegenmilch eine langfristig sichere Alternative und wertvolle Nahrungsergänzung darstellt.

Quellen und weiterführende Informationen:
urgck.de/a1a2

Fett: Gesättigt oder ungesättigt?

Dass es einen Unterschied zwischen Fetten gibt, ist offensichtlich. Überall ist die Rede von guten und schlechten Fetten, von gesättigten und ungesättigten und sogar von mehrfach ungesättigten Fettsäuren. Doch worin bestehen die Unterschiede und was bedeutet das für die Ernährung und die Gesundheit? Dieses Kapitel verschafft einen Überblick.

Sattes Fett?

Fett setzt sich zusammen aus den sogenannten Triglyceriden. Dabei handelt es sich um Verbindungen von jeweils drei Fettsäuren. Fettsäuren bestehen wiederum aus unterschiedlich langen Ketten von Kohlenstoffatomen (in der Chemie als 'C' für *Carbo* abgekürzt). Je nach Länge dieser Ketten trägt jede Fettsäure einen eigenen Namen. Wir streifen jetzt kurz die Grundlagen der Chemie – keine Sorge, es ist nur ein vereinfachter Absatz:

Zwischen den Kohlenstoffatomen bestehen chemische Bindungen: Einfachbindungen und Doppelbindungen. Und genau hierauf bezieht sich die Sättigung: Bestehen zwischen den Kohlenstoffatomen nur Einfachbindungen, so wird jedes Kohlenstoffatom mit zwei oder (am Ende der Kette) drei Wasserstoffatomen (Chemisch 'H' für *Hydrogenium*) besetzt. Das Fett ist *gesättigt*. Es können jedoch auch Doppelbindungen auftreten und an genau diesen Stellen fehlt dann ein Wasserstoffatom. So eine Fettsäure nennt man *ungesättigt*.

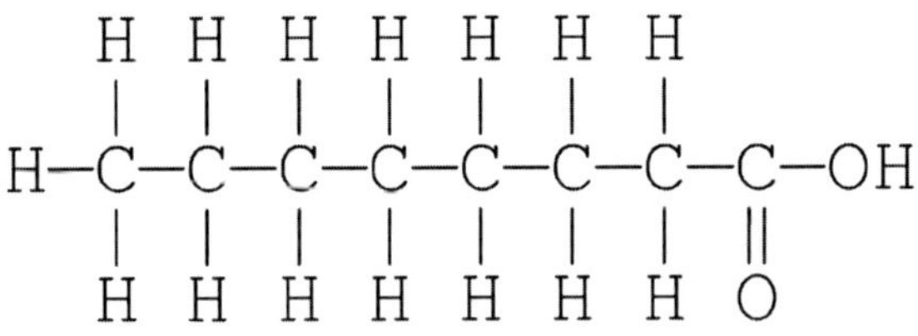

Gesättigte Fettsäure: Nur Einfachbindungen in der Kohlenstoffkette

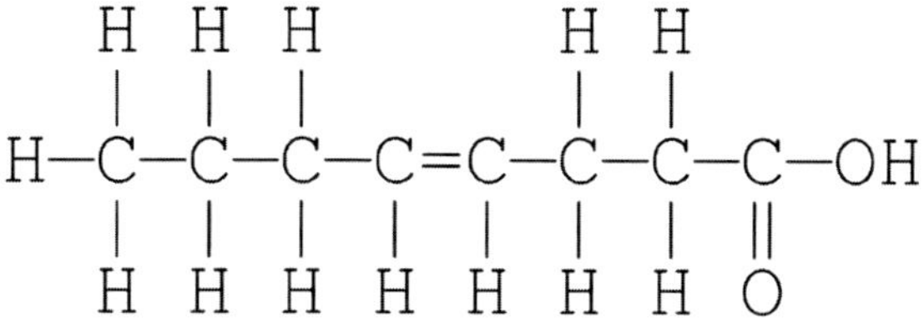

Einfach ungesättigte Fettsäure: Eine Doppelbindung in der Kohlenstoffkette

Abhängig von der Anzahl solcher Doppelbindungen werden die Fettsäuren also eingeteilt in die Gruppen der gesättigten, einfach ungesättigten und mehrfach ungesättigten Fettsäuren.

Gesättigte Fettsäuren

Hier kommen keine Mehrfachbindungen vor, alle Kohlenstoffatome sind voll mit Wasserstoffatomen besetzt. Gesättigtes Fett stammt üblicherweise aus Tierprodukten wie Schweineschmalz, Fleisch, Butter oder Milch. Es gibt jedoch auch einige pflanzliche Quellen wie Kokosnüsse oder Kakao. Abkürzung: SFA für *saturated fatty acids*.

Einfach ungesättigte Fettsäuren

Es gibt an einer Stelle eine Doppelbindung. Eines der bekanntesten Produkte aus einfach ungesättigten Fettsäuren ist Olivenöl. Auch Avocados enthalten solches Fett. Abkürzung: MUFA für *monounsaturated fatty acids*.

Mehrfach ungesättigte Fettsäuren

Der Name verrät es bereits, hier bestehen mehrere Doppelbindungen. Die meisten Pflanzenöle bestehen aus mehrfach ungesättigten Fettsäuren, aber auch fette Fische enthalten dieses Fett. Die viel beschworenen Omega-3- und Omega-6-Fettsäuren gehören ebenfalls in diese Gruppe. Abkürzung: PUFA für *polyunsaturated fatty acids*.

Mischung

Kaum eine Fettquelle enthält nur eine einzige Art von Fettsäuren. Rindfleisch wird als Tierprodukt zum Beispiel meist eindeutig als Quelle gesättigter Fettsäuren dargestellt. Tatsächlich enthält Rinderfett jedoch nur rund zur Hälfte gesättigte Fettsäuren, der Rest ist einfach und mehrfach ungesättigtes Fett. Die Mischungsverhältnisse in der Welt der Pflanzen sind ebenfalls sehr verschieden.

Bedeutung der Sättigung

Die Gruppierung der Fettsäuren ist jedoch keine rein wissenschaftliche Spielerei, denn die Fette verhalten sich abhängig von ihrer Zusammensetzung sehr verschieden. Jahrelang wurde gesättigtem Fett nachgesagt, es sei ungesund und für praktisch alle ernährungsrelevanten Krankheiten verantwortlich zu machen. Dass das falsch ist, kommt langsam auch im Mainstream an und gesättigte Fette (und mit ihnen die Tierprodukte) werden rehabilitiert. Tatsächlich sind diese Fettsäuren die Grundbausteine des menschlichen Körpers und wichtig als Bausteine und zur Wartung jeder Zelle.

Im Gegensatz dazu wurde beinahe gleichzeitig allen mehrfach ungesättigten Fetten eine sehr positive Wirkung auf die Gesundheit zugeschrieben. Auch das stimmt jedoch nicht. Denn diese Fette haben das Potential, dem Menschen zu schaden: Werden diese Öle im falschen Verhältnis konsumiert, kann das eine Vielzahl gesundheitlicher Probleme verursachen.

Lediglich einfach ungesättigte Fette wie das beliebte Olivenöl blieben über die Jahre relativ unbehelligt.

Wie kommt es aber zu diesen unterschiedlichen Auswirkungen der Fettsäuren?

Ranziges Fett

Jede Doppelbindung einer Fettsäure läuft Gefahr, zu oxidieren. Es fehlt dort ein Wasserstoffatom und so besteht eine Lücke, in die sich all zu gerne Sauerstoffatome drängen. Wenn ein Molekül so mit Sauerstoff angereichert wird, dann nennt man das Oxidation. Aus dem Alltag ist dies auch bekannt als Rost, in der Welt der Fettsäuren sagt man jedoch, ein Fett wird *ranzig*.

Je mehr Doppelbindungen eine Fettsäure enthält, desto größer ist die Gefahr, dass sie oxidiert. So leuchtet ein, dass mehrfach ungesättigte Fette besonders anfällig für Ranzigkeit sind. Um diesen Prozess zu verlangsamen, ist eine kühle und dunkle Lagerung ratsam – der Kühlschrank bietet sich an.

Die meisten Pflanzenöle bestehen zum Großteil aus mehrfach ungesättigten Fettsäuren. Da sie im Handel oft lange und ungekühlt gelagert werden, ist davon auszugehen, dass sie größtenteils ranzig sind. Neben der O3-O6-Problematik (s.a. weiter oben und weiter unten) ist dies ein weiterer guter Grund, einen Bogen um solche Öle zu machen.

Olivenöl als vornehmlich einfach ungesättigtes Fett ist hiervon weitaus weniger betroffen.

Gesättigtes Fett bietet dieses Potential zur Oxidation hingegen fast gar nicht. Deswegen kann Kokosöl auch bedenkenlos bei höheren Temperaturen gelagert werden.

Gesundheit

Ranzige Fette sind nicht gesund. Darüber, wie schwer sich ihr Konsum auf den Körper auswirkt, wird noch geforscht. Die derzeit festgestellten Folgen reichen von Störungen im Hormonhaushalt über Herz-Kreislauferkrankungen bis hin zu erhöhtem Krebsrisiko. Der Verzehr ranziger Öle löst offenbar im Körper sogar Abwehrreaktionen hervor: Ein weiteres Zeichen dafür, dass der Konsum nicht ratsam ist.

Obendrein ist ein übermäßiger Konsum von mehrfach ungesättigten Fetten nicht ratsam, denn meist geht damit eine ungünstige Verzerrung des Omega-3-zu-Omega-6-Verhältnisses einher.

Es gibt essentielle Fettsäuren, also solche, die wir unbedingt essen müssen, da unser Körper sie nicht selbst herstellen kann. Auch haben die unterschiedlich langen gesättigten Fettsäuren sehr unterschiedliche Wirkungen auf unseren Stoffwechsel, einige senken den Cholesterinspiegel, andere kurbeln den Stoffwechsel an. Welches Fett wir essen spielt also eine sehr große Rolle.

Gutes Fett und böses Fett?

Seit Jahrzehnten wurde das gesättigte Fett „Böses Fett“ oder „Schlechtes Fett“ genannt. Das hält bis heute an. Wenn von guten Fetten gesprochen wird, sind meist Olivenöl und Omega-3 Fettsäuren, aber auch viele Pflanzenfette gemeint. Da diese Begriffe jedoch mehr als schwammig sind und wenige Konsumenten die Hintergründe kennen, werden auch sogenannte Omega-3-6-9 Produkte angeboten. Diese irreführende Bezeichnung suggeriert, es wäre Vorteilhaft, möglichst viele dieser Fettsäuren in beliebigem Verhältnis zu essen. Dem ist jedoch nicht so.

Lassen Sie sich nicht von Bezeichnungen wie gut und schlecht in die Irre führen. Schauen und fragen Sie nach, um welche Art Fettsäuren es sich handelt und entscheiden Sie dann. Mit einfach ungesättigten Fetten machen Sie kaum etwas falsch, sofern diese korrekt und nicht zu lange gelagert wurden.

Gesättigte Fette wie Kokosfett, aber auch solche aus Tierprodukten aus artgerechter Haltung, sind zu bevorzugen. Sie sind die Grundbausteine des menschlichen Körpers und sein wichtigster Treibstoff. Vorsicht: Tierfette aus Massentierhaltung sind weniger gesund als solche aus reiner Weidehaltung, die Zusammensetzungen unterscheiden sich signifikant.

Mehrfach ungesättigte Fettsäuren, dazu gehören die meisten Pflanzenfette, sollten Sie stets nur in geringen Mengen und mit Bedacht konsumieren.

Fett oder Öl?

Fett und Öl sind prinzipiell das gleiche. Als Faustregel gilt: Öl ist flüssig und Fett ist fest. Fette mit hohem Anteil an gesättigten Fettsäuren werden unterhalb Zimmertemperatur fest, oberhalb weich (zum Beispiel Butter). Ungesättigte Fette bleiben auch im Kühlschrank flüssig, einige PUFA sogar bei Minusgraden.

Fortsetzung folgt

Das war eine kleine Einführung in die Welt der Fettsäuren. Es gibt noch weit mehr über diese wichtigen Nahrungsbestandteile zu erfahren. Zum Beispiel gibt es noch die garstigen Transfettsäuren. Oder die Thematik der unterschiedlich langen Kohlenstoffketten im Detail. Aber darum wird es in weiteren Beiträgen gehen.

Quellen und weiterführende Informationen:

urgck.de/fettsatt

Fett: trans-Fettsäuren

Neben den gesättigten und den ungesättigten, den Omega-3- und Omega-6-Fettsäuren wird auch viel über sogenannte *trans*-Fettsäuren gesprochen. Es spricht sich herum, dass diese sehr ungesund sind. Worum es sich bei trans-Fettsäuren handelt, wie sie aussehen und funktionieren und was ihre Wirkung auf den Menschen ist, erklärt dieses Kapitel.

Was sind trans-Fettsäuren?

Im Kapitel über gesättigte und ungesättigte Fettsäuren schrieb ich bereits über die Doppelbindungen zwischen Kohlenstoffatomen der Fettsäuren. Die chemischen Formeln legen es nicht nahe, aber diese Doppelbindungen können auf zwei Weisen räumlich ausgerichtet sein, bezeichnet werden diese als *cis* (lat. für „diesseits“) und *trans* (lat. für „andere Seite“). Diese Ausrichtung hat einen signifikanten Einfluss auf die gesamte Form des Fettsäuren-Moleküls – und wie wir später sehen werden auch auf den Menschen, der sie isst.

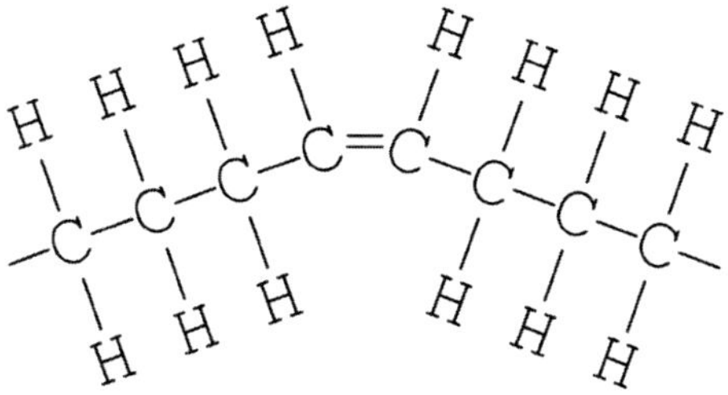

Fettsäure in cis-Konfiguration: Gebogenes Molekül

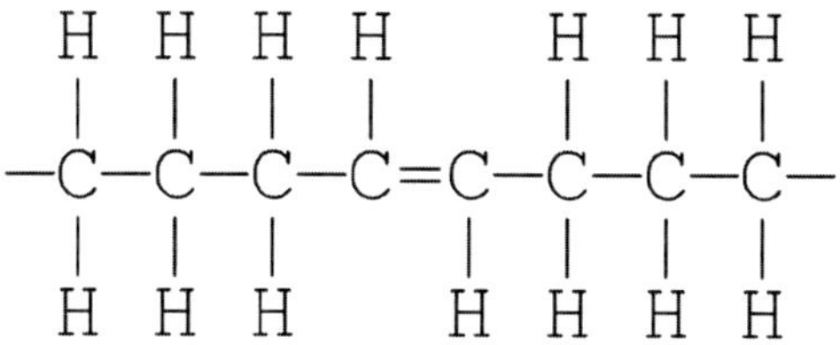

Fettsäure in trans-Konfiguration: Gerades Molekül

Bis auf wenige Ausnahmen kommen Fettsäuren in der Natur ausschließlich in der *cis*-Konfiguration vor. Es sind diese Fettsäuren, auf die sich der menschliche Körper über Millionen von Jahren eingestellt hat.

Transfettsäuren (so die geläufige Schreibweise) kommen in der Natur nur in geringen Maßen vor. Dennoch sind sie heute in allerlei Nahrungsmitteln zu finden. Sie entstehen vor allem dann, wenn Pflanzenfette gehärtet werden. Bei diesem Prozess, der auch *Hydrierung* genannt wird, sollen die Doppelbindungen mit Wasserstoff gesättigt werden. Denn durch den Wegfall der Doppelbindungen steigt der Schmelzpunkt und die Öle werden fest: Die Voraussetzung, um aus Pflanzenöl Margarine herzustellen.

Allerdings kommt es bei diesem Prozess auch zu unvollständiger Hydrierung und das hat dann die Bildung von Transfettsäuren zur Folge. Dies passiert übrigens auch beim Erhitzen von Ölen mit hohem Anteil an mehrfach ungesättigten Fettsäuren – also zum Beispiel dann, wenn Pflanzenöl in einer Pfanne erhitzt wird. Bereits ab 130° C ist dieser kritische Punkt erreicht, eine Temperatur die beim Braten stets überschritten wird.

Was ist so schlimm an Transfettsäuren?
Da sie so ähnlich sind, werden Transfettsäuren genauso verdaut wie die anderen mehrfach ungesättigten Fettsäuren. Jedoch funktionieren die unnatürlichen Transfettsäuren im menschlichen Stoffwechsel nicht und so wurde mittlerweile auch wissenschaftlich belegt, dass von ihnen eine erhöhte Gesundheitsgefahr ausgeht. Die Probleme reichen von einem erhöhten Risiko für Herz-Kreislauferkrankungen über die Erhöhung des LDL-Cholesterins bis hin zu Entzündungen. Es sind diese Entzündungen, die man als Versuch des Körpers werten kann, die trans-Fettsäuren loszuwerden. Auch führen diese Fette zu einer verhältnismäßig größeren Gewichtszunahme als andere Fette.

Wo sind sie enthalten?
Transfettsäuren können praktisch in allen Fertigprodukten wie Plätzchen, Süßigkeiten, Backwaren, Popcorn und natürlich Margarinen, Backfetten, frittierten Produkten und Fertiggerichten stecken. Wenn also auf der Verpackung irgendwas von „gehärtetem" oder „teilgehärtetem" Fett steht: Bloß weg damit!

Wenige Ausnahmen
Es gibt in der Natur einige wenige trans-Fettsäuren. *Konjugierte Linolsäuren* (engl. *conjugated linoleic acids*, kurz CLA) gehören dazu, sie kommen in Fleisch und Milch von Tieren aus Weidehaltung vor und sind durchaus gesund. Werden Rinder hingegen nicht auf der Weide gehalten, verschwindet diese Fettsäure binnen kürzester Zeit.

Fazit
Das dürften ausreichend Gründe sein, Transfettsäuren grundsätzlich zu meiden. Es gibt zahlreiche einfache Alternativen: Butter, das weiß auch die Großmutter, ist besser als jede Margarine. Und wenn sich Olivenöl, etwas Nussöl und vielleicht ein wenig Kokosöl im Arsenal befindet, kommt man gut ohne die betroffenen Pflanzenöle aus.

Das Thema wäre nicht so problematisch, wenn künstliche Transfettsäuren nur in minimalen Mengen vorkämen. Doch leider sind sie besonders in der westlichen Ernährung weit verbreitet und wer sich regelmäßig von Fast Food ernährt, ist ihnen praktisch permanent in hoher Dosis ausgesetzt.

Es zeigt sich erneut, dass der Verzicht auf Fertigprodukte und die Verwendung unbehandelter Lebensmittel der einfachste Ausweg ist.

Quellen und weiterführende Informationen:
urgck.de/transfett

Omega-3-Fettsäuren

Zu den vielen Arten von Fetten in unserer Ernährung gehören auch die Omega-3-Fettsäuren. In Medien, Werbung und Supermärkten als Schlagwort breitgetreten, scheint sich mittlerweile herumgesprochen zu haben, dass diese recht gesund sind. In der Tat kann der menschliche Körper sehr viel mit diesen Fetten anfangen und es macht durchaus Sinn, sich näher mit ihnen zu beschäftigen.

Omega-3-Fettsäuren sind sogenannte *mehrfach ungesättigte Fettsäuren*. Sie gehören zu den essentiellen Fettsäuren, das heißt, dass sie für den Menschen lebensnotwendig sind und der Körper sie nicht selbst herstellen kann. Fettsäuren sind unter anderem für die Bildung und Wartung von Zellen notwendig. Fett ist *hydrophob*, mag kein Wasser und taugt daher ausgezeichnet, um Zellinhalte von der Umgebung zu trennen. Mit anderen Worten: Würden wir das Fett aus dem menschlichen Körper entfernen, würde er zu einer Pfütze zusammenfallen.

Es gibt drei bekannte Omega-3-Fettsäuren, nämlich *Alpha-Linolensäure* (ALA), *Eicosapentaensäure* (EPA) und *Docosahexaensäure* (DHA).

DHA hilft bei der Bildung von Nervengewebe. Das Gehirn besteht zu einem großen Teil aus Fett und den mit Abstand größten Teil der dort vorkommenden Omega-3-Fettsäuren macht DHA aus. Das gleiche gilt übrigens für die Netzhaut. Einfach ausgedrückt kann man also sagen: DHA ist gut für das Gehirn.

EPA spielt ebenfalls eine ganz entscheidende Rolle, und zwar als Grundstoff für die Herstellung von sogenannten Eicosanoiden. Dabei handelt es sich um Hormone die für die Regulierung unzähliger Funktionen im Körper zuständig sind. Ob nun Entzündungen verschiedenster Art, Blutgerinnung, das Immunsystem, die Stimmung oder konkrete Zustände wie Depressionen: Eicosapentaensaure hilft, dies positiv zu kontrollieren.

EPA und DHA zusammen in einer ordentlichen Dosis eingenommen können geradezu wundersame Heilungen hervorrufen, angefangen bei Rheuma, Arthritis, und Gelenkentzündungen über Insulinresistenz und Diabetes bis hin zu degenerativen Erkrankungen des Gehirns wie Alzheimer und sogar Demenz. Die Bevölkerung in den westlichen Ländern verzehrt seit einigen Jahrzehnten immer weniger Omega-3-Fettsäuren. Dies führt zu einem Ungleichgewicht, viele Erkrankungen sind die Folge – was einleuchtet, wenn man sich die aktuelle Volksgesundheit näher anschaut und mit den genannten gesundheitlichen Vorteilen von EPA und DHA vergleicht.

ALA ist die dritte Omega-3-Fettsäure. Sie wird im Körper zu EPA und später auch zu DHA umgewandelt. Dies passiert jedoch im menschlichen Körper nur mit sehr geringer Effizienz (cirka 5%). Und genau das ist schon der springende Punkt: ALA ist zwar eine Omega-3-Fettsäure, doch sie ist für den Menschen nicht annähernd so nützlich wie EPA und DHA. Das hält die Nahrungsmittelhersteller jedoch nicht davon ab, ihre Produkte entsprechend zu bewerben. So ist zum Beispiel Leinsamenöl in aller Munde (entschuldigen Sie das Wortspiel) einzig aufgrund seines hohen Gehalts an Omega-3-Fettsäuren. Dabei handelt es sich jedoch ausschließlich um Alpha-Linolensäure die für sich gesehen nicht so besonders nützlich ist. Pflanzliche Omega-3-Fettsäuren bestehen fast immer ausschließlich aus ALA.

Um also wirklich Nutzen aus Omega-3-Fettsäuren zu ziehen, sollte zu tierischen Quellen gegriffen werden. Allen voran wird dabei meist Fischöl beziehungsweise Fisch genannt, denn dieser enthält signifikante Mengen EPA und DHA. Besonders Makrelen und Heringe sind hier zu nennen.

In Supermärkten und auch bei Lebensmitteldiscountern finden sich in den Regalen immer häufiger Nahrungsergänzungsmittel mit Fischöl. Hier ist jedoch Vorsicht geboten: Da eine verhältnismäßig hohe Dosis benötigt wird, um nennenswerte Erfolge zu erzielen, ist die Schwermetallbelastung der Weltmeere nicht außer Acht zu lassen. Schadstoffe reichern sich in Fischen an und können am Ende auch im Fischöl landen. Nur hochqualitativ verarbeitetes, konzentriertes Fischöl kann sicher in höherer Dosis eingenommen werden. Die *International Fish Oil Standards* (IFOS) hilft Ihnen, die entsprechenden Produkte zu finden.

Übrigens: Tiere wie zum Beispiel Hühner sind sehr gut darin, ALA in EPA und DHA umzuwandeln. Man kann sagen, dass der größte Nutzen von Leinsamen für die menschliche Ernährung darin besteht, sie an Hühner zu verfüttern, damit sie daraus EPA und DHA herstellen, das uns dann in Form gelegter Eier zur Verfügung steht. Ein weiterer Hinweis auf den Wert der Eier von rein wiesengefütterten Hühnern ist hier also durchaus angebracht.

Quellen und weiterführende Informationen:
urgck.de/omega3

Omega-6-Fettsäuren

Unbedingt im direkten Zusammenhang mit den Omega-3-Fettsäuren, sind die Omega-6-Fettsäuren zu betrachten. Genau dieser Zusammenhang ist jedoch leider auch etwas komplizierter als die separate Betrachtung.

Von den neun existierenden Omega-6-Fettsäuren ist ebenfalls eine essenziell, also für den Menschen lebenswichtig: Die *Linolsäure* (nicht zu verwechseln mit der *Linolensäure*). So wichtig diese ist, so problematisch ist heute jedoch auch ihr Vorkommen in der Nahrung:

Die essenziellen Fettsäuren sowohl aus der Gruppe der Omega-3-, als auch der Omega-6-Fettsäuren dienen als Bausteine für andere Fettsäuren und Stoffe im Körper. Es ist nahezu unmöglich, diese Stoffe voneinander losgelöst zu betrachten, da sie stets miteinander interagieren. Unter Anderem geht es dabei um die Bildung von entzündungsfördernden und entzündungshemmenden Stoffen. Hier sollte, wie so oft im menschlichen Körper, ein Gleichgewicht bestehen.

Und so spricht man bei der Betrachtung dieser Fettsäuren oft auch vom *Omega-6- zu Omega-3-Fettsäuren Verhältnis* oder auch *n-6:n-3*. Und genau dieses ist durch die westliche Ernährung heutzutage leider bei vielen Menschen sehr ungünstig. Zivilisationskrankheiten und andere Beschwerden sind die Folge. Denn während man bei Naturvölkern oft ein Verhältnis von 1:1 bis 2:1 in der Ernährung beobachtet (was auch für den Menschen der Steinzeit vermutet wird), liegt es in den westlichen Gesellschaften heutzutage bei rund 20:1. Dies liefert weitere Erklärungen für den schlechten Gesundheitszustand weiter Teile der Bevölkerung.

Ziel sollte also sein, das Verhältnis von n-6 zu n-3 zu verbessern und in Richtung Ausgleich zu bewegen. In der Regel bedeutet dies, den Konsum von Omega-6-Fettsäuren zu reduzieren und zugleich mehr Omega-3-Fettsäuren zu verzehren. Weiter oben erwähnte ich bereits, dass die besten Quellen dafür Tierprodukte sind. Zugleich gilt jedoch auch: Wenn Tiere mit Omega-6-reicher Nahrung gefüttert werden, enthalten ihre Produkte auch mehr Omega-6-Fettsäuren. Dieses Problem können Sie umgehen, indem Sie beim Kauf von Tierprodukten darauf achten, dass zum Beispiel Rinder möglichst nur mit Gras gefüttert werden.

Viele Öle wie Maisöl, Rapsöl, Distelöl oder auch Sonnenblumenöl enthalten nicht nur große Mengen Omega-6-Fettsäuren, sondern werden bei der Herstellung auch stark erhitzt und verarbeitet, was ebenfalls gegen ihre Verwendung spricht. Beachten Sie, dass dies die besonders von der Industrie genutzten, billigen Öle sind und quasi sämtliche verarbeiteten Lebensmittel sowie Backwaren und Frittiertes damit hergestellt wird.

Nüsse und Nussöle aber auch Olivenöl enthalten ebenfalls Omega-6-Fettsäuren, sind in der Regel allerdings in Maßen durchaus empfehlenswert, wenn sie also nicht regelmäßig in großen Mengen verzehrt werden.

Eine sehr gute Alternative als Fett zum Kochen, Backen und Braten stellt Kokosfett dar. Es enthält praktisch keine mehrfach ungesättigten Fette und hat somit auf das n-6:n-3 Verhältnis zumindest keinen negativen Einfluss.

Dies ist lediglich ein Kurzüberblick über diese Thematik. Der Zusammenhang zwischen den einzelnen essenziellen Fettsäuren ist so komplex, dass eindimensionale Aussagen über viele Produkte wie zum Beispiel Eier oder Rindfleisch in diesem

Kontext schlichtweg nicht möglich sind. Vereinfachen lässt sich der Sachverhalt folgendermaßen: Eine ausgewogene, natürliche Ernährung durch Lebensmittel, die natur- und artgerecht erzeugt wurden, ist dem n-6:n-3-Verhältnis absolut dienlich.

Quellen und weiterführende Informationen:
urgck.de/omega6

Fett: Eine Zusammenfassung

Was machen wir mit all dem Wissen über gesättigte und ungesättigte Fette, über kurze und lange Ketten und über *cis-* und *trans*-Fettsäuren? Sicher fällt es schwer, sich alle Details zu merken und auch im täglichen Gebrauch, in der Kommunikation untereinander sind die Begriffe reichlich sperrig. Es folgt daher eine Liste für die Praxis: Wo ist welche Fettsäure drin und welches Fett landet am besten im Einkaufswagen?

Abkürzungen und Stichworte

Zunächst jedoch noch einmal die wichtigsten Abkürzungen und Stichworte im Bereich der Fette, gefolgt von knappen Beschreibungen der Eigenschaften und Quellen

SFA: Gesättigte Fettsäuren (engl. *saturated fatty acids*). Wichtigste Speicherform für Fett im menschlichen Körper. Das robusteste, stabilste Fett. Bei sauberer Herkunft gesundheitlich eindeutig vorteilhaft. Hauptsächlich enthalten in Tierprodukten und Kokosnüssen.

MUFA: Einfach ungesättigte Fettsäuren (engl. *monounsaturated fatty acids*). Wertvolle Energiequelle, gesundheitlich unbedenklich. Allerdings weniger stabil als gesättigtes Fett. Enthalten in Olivenöl und Avocados aber auch in Tierprodukten.

PUFA: Mehrfach ungesättigte Fettsäuren (engl. *polyunsaturated fatty acids*). Sehr instabiles Fett, neigt zu schneller Oxidation. Tendenziell schwer gesundheitsschädlich. Enthalten in Pflanzenfetten.

Omega-3-Fettsäuren (auch *n3-PUFA*): Eine besondere Gruppe mehrfach ungesättigter Fettsäuren. Essentielle (lebensnotwendige) Fettsäuren für den Menschen, kommen vornehmlich in Fisch vor, jedoch auch in Produkten wie Fleisch und Eiern, wenn diese aus Weidehaltung stammen.

Omega-6-Fettsäuren (auch *n6-PUFA*): Eine besondere Gruppe mehrfach ungesättigter Fettsäuren. Teils essentielle Fettsäuren, kommen in vielen Pflanzenölen vor und werden heutzutage leider im Übermaß konsumiert. Resultat ist ein schlechtes n6:n3-Verhältnis (s.u.)

n6:n3-Verhältnis (auch *O6:O3*): Das Verhältnis von Omega-6- zu Omega-3-Fettsäuren in der Ernährung hat maßgeblichen Einfluss auf viele Gesundheitsfaktoren beim Menschen. In der westlichen Ernährung ist dieses Verhältnis mit durchschnittlich 20:1 stark verzerrt. Erstrebenswert sind 2:1 bis 1:1.

trans-Fettsäuren (auch *gehärtetes Fett*): Größtenteils durch industrielle Prozesse veränderte PUFA mit gesundheitlich sehr schädlicher Wirkung. Enthalten in vielen Margarinen und Pflanzenölen.

MCT: Mittelkettige Fettsäuren (engl. *medium-chain triglycerides*). Eine besondere Gruppe der SFA mit sehr positiven Wirkungen besonders auf das Verdauungssystem. Wirken förderlich auf den Stoffwechsel, helfen beim Abnehmen. Teils antimikrobiell und antiviral. Vornehmlich enthalten in Kokosprodukten.

Fazit: Welches Fett soll ich verwenden?

Das waren soweit noch recht technische Begriffe. Die Reihenfolge deutet jedoch schon an, in welche Richtung es geht: Gesättigte Fette scheinen die unkompliziertesten, gesündesten Fette zu sein. Als Energiequelle eignen sich SFA also hervorragend. Darüber hinaus benötigt der Mensch ein paar wenige n3-PUFA und n6-PUFA. Wo bekommt er diese?

Empfehlenswert: Das Fleisch von Rindern aus Weidehaltung ist genau so zusammengesetzt: Es enthält hochwertige SFA und geringe Mengen n3-PUFA sowie geringste Mengen n6-PUFA. Zusätzlich enthalten sind ein paar MUFA und konjugierte Linolsäuren, die wir gerne mit nutzen. Dieses Traum-Paket findet sich in Weidebutter, Weide-Eiern und Weidefleisch. Auch Fisch aus Wildfang enthält eine gute Fettsäurenzusammensetzung, besonders n3-PUFA.

Kokosnüsse enthalten SFA und besonders MCT, sind daher ebenfalls eine sehr empfehlenswerte Fettquelle. Allerdings sind sie ein Importprodukt und daher den lokalen Weideprodukten unterm Strich unterlegen. Benötigt werden sie für eine ausgewogene Ernährung nicht.

In Maßen unbedenklich: Was ist mit den anderen Fetten? Wer es mag, der möge weiter sein hochwertiges Olivenöl verwenden, zumindest in Maßen sollte die Oxidation hier keine Probleme bereiten. Auch Avocados enthalten größtenteils unbedenkliche MUFAs, sind jedoch abermals ein Importprodukt.

Nutzlos: Leinsamenöl wird als n3-PUFA-Quelle verkauft, enthält dies jedoch nur in einer Form (Alpha-Linolensäure), die vom Menschen lediglich zu 5% verwertet werden kann. Es ist daher nicht zu empfehlen. Das gilt für alle pflanzlichen Omega-3-Quellen. Hier handelt es sich nur um unnötige, schnell oxidierende PUFA.

Gesundheitsschädlich: Pflanzenfette wie Distelöl, Rapsöl, Maisöl, Sojaöl und Sonnenblumenöl enthalten große Mengen PUFA und n6-PUFA, sind daher gesundheitlich absolut nicht zu empfehlen. Sie oxidieren schnell und führen zu einem verzerrten n6:n3-Verhältnis. Einige Ausführungen, wie Margarine, sind gehärtet und enthalten obendrein die sehr schädlichen trans-Fettsäuren.

Gutes Fett, schlechtes Fett?

Wenn es also wirklich eine solch einfache Unterteilung geben soll, dann würde sie meiner Empfehlung nach folgendermaßen lauten:

Gut: Weidebutter, Weidefleisch, Weide-Eier, Wildfisch, Kokosfett, Olivenöl

Schlecht: Distelöl, Rapsöl, Maisöl, Sojaöl, Sonnenblumenöl, Margarine

Ausgestattet mit diesem Wissen sollte der Griff zur Weidebutter leicht fallen und kaum noch Zweifel bestehen.

Quellen und weiterführende Informationen:

urgck.de/fett